화석으로 만나는
공룡의 세계

클레어 히버트 선생님은

지금까지 어린이를 위한 과학책과 역사책을 200여 권 펴낸 논픽션 분야 전문 작가입니다.
세상을 바꾼 생각이나 역사를 바꾼 순간들에 대해 특별한 관심을 갖고 글을 쓰고 있습니다.
취학 전 어린이책의 저자에게 수여하는 'Practical Pre-School Gold Awards'를 수상하였으며, 영국의 권위 있는
교육 기관인 NASEN(National Association for Special Educational Needs)이 추천하는 어린이책 전문 작가로서
'아벤티스 주니어 사이언스 프라이즈(Aventis Junior Science Prize)' 최종 후보에 오르기도 했습니다.

임종덕 선생님은

성균관대학교 생명과학과 · 미국 네브라스카대 박물관학 석사 · 미국 캔자스대 척추고생물학 박사 · 미국
캔자스주립자연사박물관 연구원 · 서울대 지구환경과학부 BK교수를 거쳐 현재 국립문화재연구소에서
복원기술연구실장으로 공룡발자국 화석산지를 포함한 천연기념물의 보존 · 복원 · 전시 · 교육에 힘쓰고 있습니다.
40여 편의 SCI급 국제논문과 20여 권의 어린이와 청소년을 위한 공룡전문도서를 발간해 공룡화석을 통한 청소년
과학 교육과 자연유산 교육을 위해 노력하고 있으며, 지난 25여 년 간 공룡화석연구와 과학문화 대중화에 헌신한
공적으로 2017년 '한국지구과학회 공로상'을 수상했습니다. 1994년부터 미국, 스페인, 포르투갈, 프랑스, 중국에서
현장 발굴조사와 국제공동연구에 참여했으며, 10여 종의 중생대 척추동물(공룡 · 파충류 · 포유동물) 발자국과
공룡 · 신생대 포유동물 신종을 기재했고, 쓰고 옮긴 책들 가운데《애들아, 공룡 발굴하러가자(2001)》,
《돌로 만든 타임머신, 화석(2006)》,《공룡이 남긴 타임캡슐(2007)》,《놀라운 공룡이야기(2009)》,
《한국의 공룡화석(2010)》의 다섯 종이 과학기술부 선정 우수과학도서상을 수상했습니다. 국립중앙과학관,
국립과천과학관, 서대문자연사박물관, 목포자연사박물관, 국립어린이과학관, 고성공룡박물관 및 여러 기관의
공룡관련 전시 연출과 EBS 〈생명, 40억년의 비밀〉,〈한반도의 매머드〉 자문 들을 맡았으며, YTN사이언스의
〈한반도의 공룡들을 만나다〉 특강 들을 통해 어린이 눈높이에 맡는 강연을 활발하게 펼치고 있습니다.

화석으로 만나는 공룡의 세계

처음 펴낸 날 | 2018년 5월 21일
개정판 1쇄 펴낸 날 | 2020년 9월 25일

글쓴이 | 클레어 히버트   옮긴이 | 임종덕

펴낸이 | 김태진
펴낸곳 | 다섯수레

기획편집 | 김경회, 김시완, 장예슬   디자인 | 이영아
마케팅 | 이상연, 박주현   제작관리 | 송정선

등록번호 | 제3-213호 등록일자 | 1988년 10월 13일
주소 | 경기도 파주시 광인사길 193(문발동) (우-10881)
전화 | (031) 955-2611   팩스 | (031) 955-2615
홈페이지 | www.daseossure.co.kr 인쇄 | (주)로얄프로세스

ⓒ 다섯수레, 2020

ISBN 978-89-7478-433-1 74030
ISBN 978-89-7478-424-9(세트)

Children's Encyclopedia of Dinosaurs

Children's Encyclopedia of Dinosaurs Copyright © Arcturus Holdings Limited All rights reserved.
Korean translation Copyright © 2018 Daseossure License arranged through KOLEEN AGENCY, Korea.
All rights reserved.

이 책의 한국어판 저작권은 콜린 에이전시를 통해 저작권자와 독점 계약한 다섯수레에 있습니다.
신 저작권법에 의해 한국 내에서 보호를 받는 저작물이므로 무단 전재와 무단 복제를 금합니다.

알고 있나요? ❶ 공룡

화석으로 만나는
공룡의 세계

클레어 히버트 글 임종덕 옮김

다섯수레

차례

공룡의 시대   6

제1장 :: 두 발로 걷는 육식공룡, 수각류

헤레라사우루스	8	★알로사우루스	10
★시조새(아르케옵테릭스)	12	미크로랍토르	14
데이노니쿠스	16	★스피노사우루스	18
기가노토사우루스	20	★트로오돈	22
★테리지노사우루스	24	★티라노사우루스 렉스	26

제2장 :: 네 발로 걷는 초식공룡, 용각류

멜라노로사우루스	28	플라테오사우루스	30
마멘키사우루스	32	브라키오사우루스	34
아마르가사우루스	36	니게르사우루스	38
사우로포세이돈	40	아르겐티노사우루스	42
살타사우루스	44	라페토사우루스	46

제3장 :: 새의 엉덩이뼈 구조를 가진 공룡, 조각류

헤테로돈토사우루스	48	힙실로포돈	50
이구아노돈	52	리엘리나사우라	54
가스파리니사우라	56	파라사우롤로푸스	58
람베오사우루스	60	산퉁고사우루스	62
★에드몬토사우루스	64	테스켈로사우루스	66

제4장 :: 두꺼운 머리뼈를 가진 파키케팔로사우루스류와 뿔을 가진 케라톱스류 공룡

이인룡(인룡)	68	★프시타코사우루스	70
주니케라톱스	72	스테고케라스	74
스티라코사우루스	76	아켈로우사우루스	78
★프로토케라톱스	80	파키케팔로사우루스	82
트리케라톱스	84	스티기몰로크	86

제5장 :: 골판과 골침을 지닌 스테고사우루스류와 안킬로사우루스류

스쿠텔로사우루스	88	스켈리도사우루스	90
투오지안고사우루스	92	스테고사우루스	94
켄트로사우루스	96	민미	98
사우로펠타	100	에드몬토니아	102
에우오플로케팔루스	104	안킬로사우루스	106

제6장 :: 해양파충류와 익룡

플레시오사우루스	108	템노돈토사우루스	110
크로노사우루스	112	알베르토넥테스	114
★모사사우루스	116	디모르포돈	118
프테로닥틸루스	120	트로페오그나투스	122
프테라노돈	124	★케찰코아틀루스	126

화석으로 만나는 한반도의 공룡 :: 임종덕(척추고생물학 박사)　　128

별표(★)가 붙은 공룡은 2020~2021 경남고성공룡세계엑스포에서
화석 표본 및 복원 모형을 직접 만나볼 수 있습니다.

공룡의 시대

공룡은 지금으로부터 2억 2천 5백만 년 전에 지구에 나타나, 1억 6천만 년이 넘는 시간 동안 땅 위를 지배했어요. 바다에는 공룡처럼 몸집이 큰 해양파충류들이 살았고, 하늘에는 날개를 가진 익룡이 살았습니다. 이들이 살았던 시기를 '중생대'라고 해요.

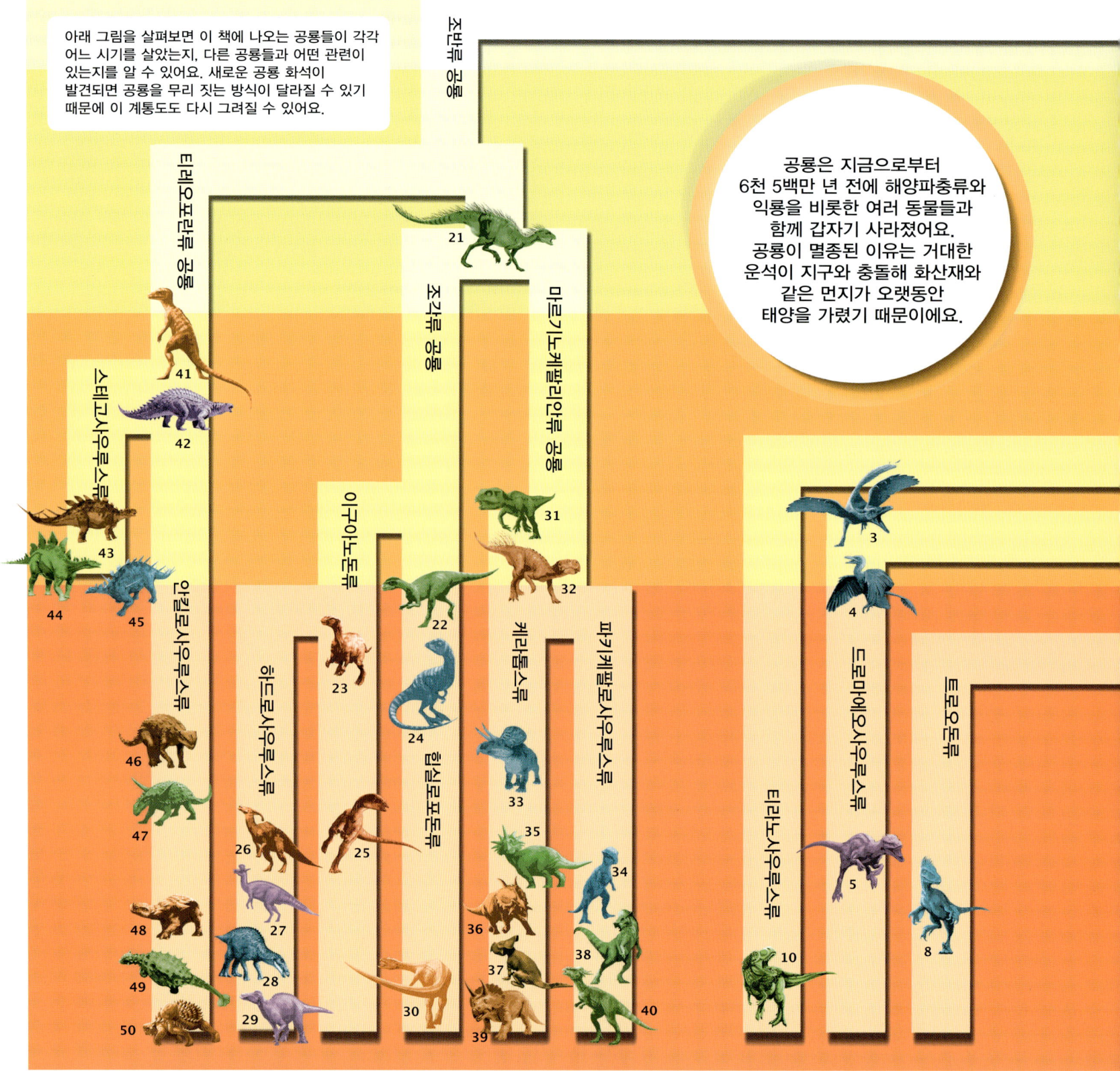

아래 그림을 살펴보면 이 책에 나오는 공룡들이 각각 어느 시기를 살았는지, 다른 공룡들과 어떤 관련이 있는지를 알 수 있어요. 새로운 공룡 화석이 발견되면 공룡을 무리 짓는 방식이 달라질 수 있기 때문에 이 계통도 다시 그려질 수 있어요.

공룡은 지금으로부터 6천 5백만 년 전에 해양파충류와 익룡을 비롯한 여러 동물들과 함께 갑자기 사라졌어요. 공룡이 멸종된 이유는 거대한 운석이 지구와 충돌해 화산재와 같은 먼지가 오랫동안 태양을 가렸기 때문이에요.

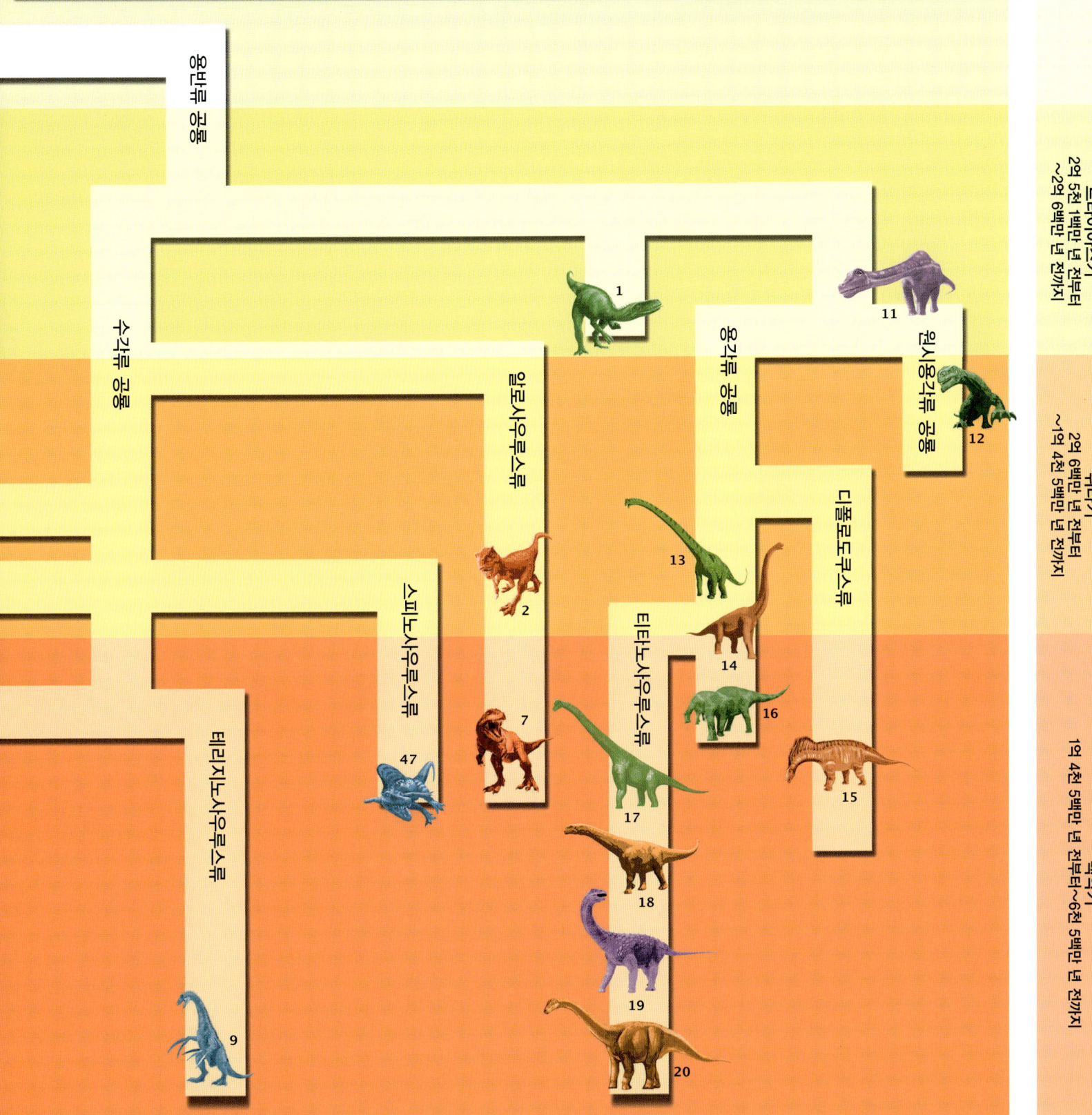

제1장 두 발로 걷는 육식공룡, 수각류

헤레라사우루스

헤레라사우루스는 트라이아스기 후기 남아메리카 대륙에 살았던 육식공룡 가운데 하나예요. 헤레라사우루스가 살았던 정글에는 여러 초식동물이 있었지만 공룡의 수는 적었어요. 포식자들 대부분은 초기 포유동물들이었습니다.

어떤 공룡과 가까운 종일까요?

고생물학자들은 헤레라사우루스가 어떤 계통에 속하는 공룡인지에 대해 논쟁을 계속하고 있어요. 어떤 학자들은 헤레라사우루스를 두 발로 걷는 육식공룡이란 점에서 초기 수각류로 분류해요. 하지만 또 다른 학자들은 헤레라사우루스의 앞발에 나머지 발가락을 마주 볼 수 있는 엄지가 없다는 이유로, 이 공룡은 수각류 공룡이 아니라고 주장하기도 해요.

헤레라사우루스는 튼튼한 뒷다리로 빠르게 뛸 수 있었어요.

같은 암석에서 발견된 공룡들

최초의 헤레라사우루스 화석은 1959년에 아르헨티나 북서쪽의 '산후안'이라는 도시 근처의 산에서 발견됐어요. 이 공룡의 이름은 이 화석을 발견한 농부의 이름인 '빅토리노 헤레라'에서 따왔어요. 나중에 같은 지층에서 '에오랍토르'라는 공룡도 발견되었지요. 에오랍토르란 '새벽 도마뱀'이라는 뜻입니다. 두 공룡들은 모두 육식공룡이에요. 이들은 공룡이 처음으로 지구에 등장한 시기에 살았어요.

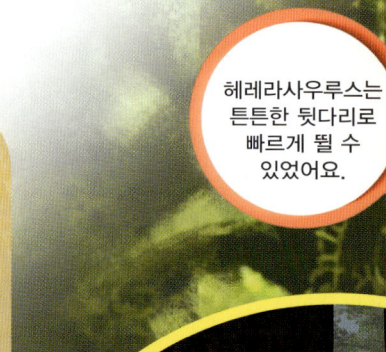

에오랍토르 한 무리가 습지가 있는 숲에서 물을 마시기 위해 잠시 멈춰 섰어요.

알고 있나요? 학자들은 헤레라사우루스의 배설물 화석을 연구해 이 공룡이 다른 동물의 뼈를 씹어 먹었다는 것을 밝혀냈어요.

알로사우루스

알로사우루스는 쥐라기 후기에 북아메리카 대륙에서 살았던 육식공룡이에요. 알로사우루스 화석은 다른 공룡 화석들보다 많이 발견되어 고생물학자들의 연구가 활발했습니다. 최초의 알로사우루스 화석은 1800년대 후반에 발견되었어요. 알로사우루스의 뼈는 오늘날 새들의 뼈처럼 벌집 모양의 구멍이 많아 무게가 가벼워요. 알로사우루스라는 이름은 '다른 도마뱀'이라는 뜻입니다. 이때 다른 공룡들에서는 그런 뼈 속 구멍들을 볼 수 없었기 때문이에요.

유명한 화석들

스위스의 화석 사냥꾼인 커비 시버와 공룡 화석 탐사 대원들은 완전한 형태를 갖춘 알로사우루스 화석을 발견했어요. 1991년에 미국 와이오밍주에서 발견된 골격 화석은 '빅 알(Big Al)'이라 불려요. 이 골격은 완전히 자라지 못하고 뼈에 병이 들어 일찍 죽은 알로사우루스의 골격으로 추정되지요. 그리고 5년 후에 발견된 골격 화석에는 '빅 알 투(Big Al Two)'라는 별명이 붙었어요. 빅 알 투는 보존 상태가 빅 알보다 더 좋았어요. 빅 알 투에는 이 공룡이 머리뼈에 상처를 입었던 흔적과 그 상처가 다 나은 상태까지 남아 있었어요.

화석 발견 지역

지금까지 다섯 종의 알로사우루스 화석들이 발견됐어요. 그 가운데 네 종은 미국 서부 지역의 쥐라기 후기 지층인 모리슨층에서 발견되었고, 다른 한 종은 포르투갈 서부 지역의 로우린하층에서 발견되었습니다.

긴 꼬리는 몸의 균형을 잡는 일을 도와요.

시대	트라이아스기	쥐라기	백악기	포유동물의 시대
몇만 년 전	251	206 / 152	145	65

이름 : 알로사우루스
분류 : 알로사우루스과
높이 : 5미터
길이 : 8.5~12미터
무게 : 2~3톤

공룡프로필

알고 있나요? 알로사우루스는 매우 흔하게 발견되는 공룡 화석이에요. 미국의 모리슨층에서 발견된 육식공룡 화석들 가운데 3/4이 알로사우루스 화석이에요.

시조새(아르케옵테릭스)

새처럼 생긴 시조새는 약 1억 5천만 년 전에 지금의 독일 남부 지역에서 살았어요. 시조새는 오랫동안 최초의 새라고 알려져 왔습니다. 하지만 최근 수십 년 사이에 발견된 여러 화석으로 인해 더 이른 시기에도 깃털을 지닌 다른 공룡들이 있었다는 것이 밝혀졌어요. 시조새는 날개깃을 지녀 활공을 할 수 있었어요.

쥐라기 후기의 독일

시조새는 늪 가운데 낮은 섬들로 이루어진 땅에 살았어요. 이 늪은 이웃한 테티스해로부터 점차 분리돼 말라 갔습니다. 나중에 이 늪이 다 말라서 늪 바닥의 진흙이 석회암이 되었을 때, 늪에 빠져 죽었던 생명체들은 화석으로 남게 되었어요.

시조새는 날개를 퍼덕거려 빠른 속력을 낼 수 있었어요.

시조새는 몸집이 까마귀만 했어요. 주로 개구리, 도마뱀, 잠자리, 딱정벌레를 사냥했어요.

시조새의 이빨은 원뿔 모양으로 날카로웠어요.

시대	트라이아스기	쥐라기	백악기	포유동물의 시대
몇백 년 전	251	206 · 150	145	65

이름 : 시조새
분류 : 시조새과
길이 : 35~50센티미터
무게 : 0.8~1킬로그램

공룡프로필

시조새의 학명인 아르케옵테릭스는 '아주 오래된 날개'라는 뜻이에요.

중생대에 살았던 잠자리는 매우 컸어요. 양 날개를 편 길이가 75센티미터에 이를 정도였지요.

초기의 새

시조새는 처음 발견된 깃털 달린 공룡이에요. 그래서 '최초의 새'라는 별명도 얻었어요. 시조새는 날개와 꼬리에 깃털이 있어 이 공룡을 초기의 새의 조상으로 보기도 해요. 그러나 시조새의 긴 꼬리와 커다란 앞 발톱 그리고 턱에 난 날카로운 이빨은 파충류의 특징이에요.

석회암에 잘 보존된 상태로 발견된 시조새의 모습이에요.

알고 있나요? 시조새의 화석은 1859년에 처음 발견됐어요. 그해는 찰스 다윈이 자연선택에 의한 진화론을 발표한 해이기도 하지요.

미크로랍토르

미크로랍토르는 드로마에오사우루스류(16쪽 참고)의 작은 공룡으로 백악기 초기에 지금의 중국에서 살았어요. 나무 위에서 살았던 미크랍토르는 네 개의 날개를 가졌어요. 미크로랍토르는 시조새처럼 공룡과 새 사이를 연결해 주는 중간 단계의 동물 가운데 하나예요. 이 공룡은 날개를 이용해 날았다기보다 미끄러지듯 활공하거나 낙하산을 타고 낙하하는 것처럼 이동했을 거예요.

미크로랍토르는 양 날개와 꼬리를 힘껏 펴서 최대한 공기의 저항을 덜 받으며 활강하려 했을 것으로 추측돼요.

재빠른 사냥꾼

미크로랍토르는 다른 동물을 발견하면 그게 무엇이든 닥치는 대로 잡아먹었어요. 매우 빠르게 움직이는 사냥꾼이었던 것으로 생각됩니다. 미크로랍토르 화석의 소화기관에서는 포유동물과 새뿐만 아니라 물고기의 흔적까지 발견되었어요. 어떤 새는 통째로 삼켜지기도 했어요.

수많은 골격 화석이 발굴됐어요.

미크로랍토르 화석은 2000년 중국 북동쪽 랴오닝성의 지우포탕층에서 발굴됐어요. 백악기 초기의 랴오닝성 지역은 습지가 많았고 따뜻했어요. 그 시대에 형성된 지층에서는 여러 동물들의 화석이 발굴되었고, 그 가운데에는 또 다른 깃털을 지닌 공룡 화석도 있었어요. 미크로랍토르 골격 표본은 지금까지 수백 점이 넘게 발굴됐어요.

미크로랍토르의 뼈는 작고 섬세해요.

시대	트라이아스기	쥐라기	백악기	포유동물의 시대
백만 년 전	251	206	145 (120)	65

이름 : 미크로랍토르
분류 : 드로마에오사우루스과
길이 : 70~120센티미터
양 날개를 편 길이 : 92센티미터
무게 : 650~1000그램

공룡프로필

알고 있나요? 창유랍토르도 미크로랍토르처럼 네 개의 날개를 지녔던 공룡이에요. 창유랍토르 역시 백악기에 중국에서 살았으며, 최대 길이는 1.3미터 정도였지요.

15

데이노니쿠스

데이노니쿠스는 드로마에오사우루스류에 속하는 공룡으로 백악기 초기 북아메리카 대륙에서 살았어요. 이들은 떼를 지어서 자신의 몸집보다 더 큰 먹잇감을 사냥했어요. 데이노니쿠스란 '무시무시한 발톱'이라는 뜻이에요. 뒷다리에 난 두 번째 발톱이 낫처럼 크고 날카로워 무기로 사용되었어요.

드로마에오사우루스류 공룡들

드로마에오사우루스류에 속하는 공룡들은 무시무시한 사냥꾼들이었어요. 데이노니쿠스의 크기는 그 가운데 중간 정도로 오늘날의 늑대만 했어요. 데이노니쿠스의 사촌뻘인 유타랍토르 역시 북아메리카 대륙에 살았는데, 드로마에오사우루스류 공룡 가운데 크기가 가장 컸습니다. 키는 사람만 했고 몸길이가 6미터에 달했어요.

데이노니쿠스가 떼를 지어 공격하면 어린 테논토사우루스 한 마리 정도는 쉽게 사냥했을 거예요. 하지만 다 자란 테논토사우루스는 데이노니쿠스가 사냥하기에 너무 덩치가 컸어요.

날갯짓하는 새끼 공룡

다른 드로마에오사우루스류 공룡들과 마찬가지로 데이노니쿠스도 몸에 깃털이 있었어요. 이 깃털은 파충류의 비늘이 차츰차츰 해어지듯 변해 생겨난 것으로 생각돼요. 깃털은 공룡이 체온을 유지할 수 있도록 도움을 주고 자기과시를 하는 데 쓰였어요. 새끼 데이노니쿠스는 위험에 처하면 날갯짓을 하며 도망갈 수도 있었어요.

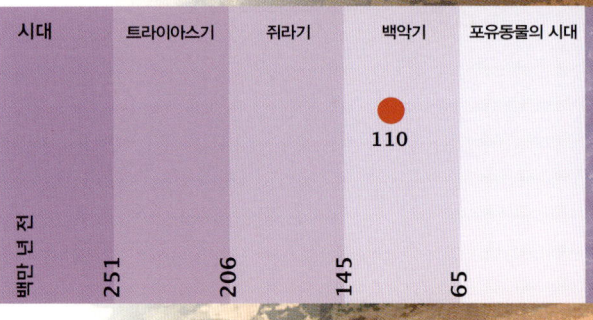

시대	트라이아스기	쥐라기	백악기	포유동물의 시대
백만 년 전	251	206	145 ● 110	65

이름 : 데이노니쿠스
분류 : 드로마에오사우루스과
높이 : 87센티미터
길이 : 2.5~3.4미터
무게 : 73~100킬로그램

공룡프로필

16

테논토사우루스는 데이노니쿠스가 살던 시기 가장 흔한 초식공룡이었기 때문에 데이노니쿠스들에게 사냥을 당하곤 했어요.

데이노니쿠스의 뒷다리 두 번째 발톱은 갈고리처럼 생겨서 길이가 13센티미터나 됐어요.

데이노니쿠스는 사냥을 할 때 먼저 발톱으로 먹잇감을 찔러 상처를 낸 후 먹잇감이 피를 많이 흘려 죽을 때까지 기다렸어요.

데이노니쿠스는 앞다리의 발톱을 이용해 사냥감을 움켜잡을 수 있었어요. 테논토사우루스가 아무리 발버둥을 쳐도 데이노니쿠스를 떨쳐 내기는 어려웠지요.

알고 있나요? 최초의 데이노니쿠스 화석은 1931년에 발견됐어요. 하지만 데이노니쿠스란 이름은 1969년에 이르러 붙여졌어요.

스피노사우루스

스피노사우루스는 백악기 중기, 오늘날의 북아프리카 지역에서 살았어요. 스피노사우루스는 육식공룡들 가운데 크기가 가장 컸지요. 스피노사우루스의 입은 악어 같이 뾰족해서 물고기를 잽싸게 잡아먹는 데 꼭 알맞았어요. 그렇지만 이 공룡은 물고기뿐만 아니라 땅 위의 동물들도 잡아먹었습니다.

몇 점 남지 않은 표본들

골격을 완전히 갖춘 스피노사우루스의 골격 표본은 많지 않아요. 그 가운데 독일 뮌헨에 있던 표본은 제2차 세계대전 중 폭격으로 완전히 없어지기도 했어요. 공룡 전문가들은 이 공룡을 학술적으로 단 한 종만 인정하고 있어요. 그 한 종은 '이집트의 척추 도마뱀'이라는 뜻의 이름을 가진 '스피노사우루스 아에깁티아쿠스(Spinosaurus aegyptiacus)'입니다.

스피노사우루스 척추에는 높이 솟아 있는 구조가 있어요.

돛일까? 혹일까?

많은 고생물학자들은 스피노사우루스의 등에 솟아 있는 척추뼈가 커다란 돛처럼 생긴 피부를 지탱해 주었다고 믿고 있어요. 하지만 어떤 학자들은 이 척추뼈가 마치 낙타의 등에서처럼 지방 덩어리를 받쳐 주는 역할을 했다고 생각하기도 해요. 학자들은 스피노사우루스의 척추뼈가 체온 조절에 도움을 주었고 다른 공룡들에게 자신을 과시하기 위해 필요했다고 추측해요.

공룡프로필

이름 : 스피노사우루스
분류 : 스피노사우루스과
높이 : 6미터
길이 : 12~15미터
무게 : 4~6톤(11~16톤이라는 학설도 있음)

시대	트라이아스기	쥐라기	백악기	포유동물의 시대
			● 105	
백만 년 전 251	206	145	65	

기가노토사우루스

기가노토사우루스는 1993년 아르헨티나에서 최초로 발견되었어요. 몸길이가 12미터나 되어서, 발견됐을 때 남반구의 육식공룡들 가운데 몸길이가 가장 길다고 알려졌어요. 아마도 전 대륙을 통틀어 몸길이가 가장 길었던 것으로 추정됩니다.
그래서 기가노토사우루스란 이름도 '거대한 남쪽 도마뱀'이라는 의미로 지어졌어요.

빠르게 뛰어다닐 수 있는 능력

기가노토사우루스는 화석화된 뼈와 잘 보존된 발자국 화석이 모두 발견되었어요. 덕분에 학자들은 발자국 사이의 거리와 공룡의 몸집을 측정해 이 공룡이 얼마나 빨리 달렸는지 분석할 수 있었어요. 기가노토사우루스의 최대 속력은 시속 50킬로미터예요.
시속 40킬로미터로 달리는 티라노사우루스보다 빨랐습니다.

기가노토사우루스

카르카로돈토사우루스류 공룡들

기가노토사우루스는 카르카로돈토사우루스류에 속하는 공룡이에요. 카르카로돈토사우루스류는, 백악기 후기에 북아메리카 대륙에서 살았던 수각류 공룡이 발견되면서 나타난 공룡의 한 종류예요. 카르카로돈토사우루스의 이빨은 백상아리의 이빨처럼 톱날 모양으로 날카로웠어요. 기가노토사우루스와 카르카로돈토사우루스는 모두 거대한 머리와 눈 주위에 뾰족하게 튀어나온 뼈 구조, 큰 아래턱과 기다란 이빨이 특징이에요.

카르카로돈토사우루스

시대	트라이아스기	쥐라기	백악기	포유동물의 시대
백만 년 전	251	206	145 ● 98	65

이름 : 기가노토사우루스
분류 : 카르카로돈토사우루스과
높이 : 7미터
길이 : 12~15미터
무게 : 6~13톤

공룡프로필

20

트로오돈

트로오돈은 백악기 후기에 오늘날의 북아메리카 지역에서 살았는데 생김새가 새와 비슷해요. 트로오돈이란 '상처를 입히는 이빨'이라는 의미를 지니고 있습니다. 1856년 최초로 발견된 트로오돈 표본이 하나의 작고 날카로운 이빨이었기 때문이에요.

영리한 육식공룡

트로오돈은 가장 영리한 공룡으로 평가받아요. 몸집이 작은데도 뇌 무게가 다른 공룡들보다 여섯 배나 무겁기 때문이에요. 하지만 트로오돈의 뇌는 오늘날 에뮤의 뇌와 비슷한 크기였기 때문에 우리가 생각하는 것만큼 똑똑하지는 않았을 거예요.

트로오돈은 어린 하드로사우루스와 같은 초식공룡들을 주로 사냥했을 거예요. 그리고 작은 몸집의 포유동물이나 도마뱀도 먹었을 거예요.

깔끔하게 정돈된 알둥지

트로오돈은 일주일 정도의 기간을 두고 우묵한 그릇 모양의 둥지에 알을 낳았어요. 오늘날의 타조들처럼 암컷과 수컷이 번갈아 가며 알둥지를 품어 온도를 따뜻하게 유지했을 거예요. 하나의 알둥지에는 보통 16개에서 24개의 알이 들어 있었어요.

암석에 잘 보존된 상태로 발견된 트로오돈 알둥지의 한 부분이에요.

22

테리지노사우루스

다른 수각류 공룡들과 달리 테리지노사우루스는 육식공룡이 아니었어요. 테리지노사우루스는 곤충과 작은 동물도 먹었지만, 주로 식물을 먹고 살았어요. 테리지노사우루스란 이름의 뜻은 '큰 낫을 가진 도마뱀'이에요. 테리지노사우루스의 앞발에 있는 어마어마하게 크고 날카로운 세 개의 발톱 때문이지요.

테리지노사우루스류 공룡들

테리지노사우루스가 발견되면서 식물을 먹는 수각류 공룡들을 테리지노사우루스류라고 부르게 되었어요. 베이피아오사우루스, 알사사우루스, 에르리코사우루스가 이 종류에 속하는 공룡들이에요. 이 공룡들은 모두 기다란 발톱과 긴 목, 앞을 향해 나 있는 발톱 네 개, 넓적한 뒷발 그리고 나뭇잎처럼 생긴 이빨을 갖고 있어요.

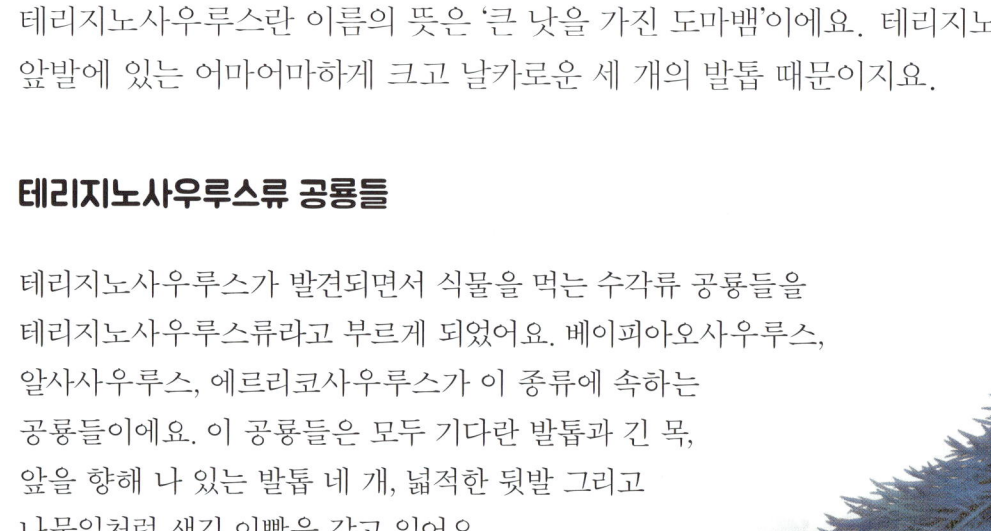

테리지노사우루스의 몸은 짧은 깃털로 덮여 있어요.

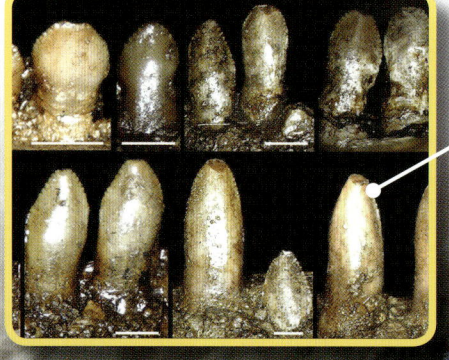

에르리코사우루스의 이빨 화석

수각류 공룡의 뒷발에는 앞을 향해 나 있는 발톱이 대부분 세 개예요. 하지만 테리지노사우루스는 뒷발에 앞을 향해 나 있는 발톱이 네 개였어요.

알고 있나요? 테리지노사우루스들은 무리를 이뤄 알을 낳고 새끼를 키웠던 것으로 생각돼요. 2013년에 중국의 고비사막에서 17개의 알둥지들이 한 장소에서 발견되었어요.

시대	트라이아스기	쥐라기	백악기	포유동물의 시대
몇 년 전	251	206	145 / 70	65

이름 : 테리지노사우루스
분류 : 테리지노사우루스과
높이 : 3.7미터
길이 : 10미터
무게 : 5.5톤

공룡프로필

테리지노사우루스 앞발의 커다란 발톱은 무려 1미터가 넘어요. 천적이 공격을 하면 발톱으로 방어했어요.

거대한 몸집의 테리지노사우루스는 식물을 소화시킬 수 있는 커다란 위가 필요했어요.

발톱은 어디에 쓰였을까?

테리지노사우루스는 중생대 후기에 지금의 몽골 지역에서 살았어요. 이 공룡은 앞발의 큰 발톱으로 식물을 잘라 내거나 흰개미들을 사냥했어요. 또한 이 발톱은 포식자들의 공격을 막는 데에도 도움을 주었을 거예요. '아시아의 티라노사우루스 렉스'라는 별명을 가진 거대한 육식공룡인 타르보사우루스도 테리지노사우루스의 포식자들 가운데 하나였을 거예요.

테리지노사우루스는 키가 커서 높은 나뭇가지의 잎도 먹을 수가 있었어요.

25

티라노사우루스 렉스

티라노사우루스 렉스는 '폭군 도마뱀의 왕'이라는 의미의 이름을 가진 유명한 공룡이에요. 티라노사우루스 가운데 한 종이지요. 이들은 중생대 백악기 후기에 지금의 북아메리카 대륙에서 살았어요. 티라노사우루스 렉스는 오랫동안 땅 위의 육식동물들 가운데 가장 몸집이 거대했다고 알려져 왔지만, 이제는 스피노사우루스(18~19쪽 참고)에게 그 자리를 내주어야 해요.

먹잇감 찾기

티라노사우루스 렉스는 두 개의 눈으로 하나의 목표물을 동시에 볼 수 있었어요. 그래서 먹잇감의 위치를 정확하게 알 수 있었지요. 또 뒷다리의 근육질이 좋아서 빠르게 움직일 수도 있었어요. 티라노사우루스 렉스는 한 번 먹잇감을 잡으면 강력한 턱으로 살점을 갈기갈기 찢고, 이빨로 단단한 뼈도 쉽게 부수었어요. 이빨의 크기는 다양했는데, 가장 긴 이빨은 15센티미터에 이르렀습니다.

티라노사우루스 렉스 한 마리가 상대의 목에 이빨을 깊숙이 집어넣어 공격하고 있어요.

라이벌과의 결투

캐나다에서 발견된 티라노사우루스의 발자국 화석을 보면, 티라노사우루스가 무리를 지어 사냥했다는 것을 알 수 있어요. 경쟁 관계에 있는 티라노사우루스 수컷들은 그들이 속한 무리의 우두머리가 되기 위해 결투를 벌이기도 했지요. 티라노사우루스의 무시무시한 턱은 사냥할 때뿐만 아니라, 상대와 겨룰 때에도 사용되었어요.

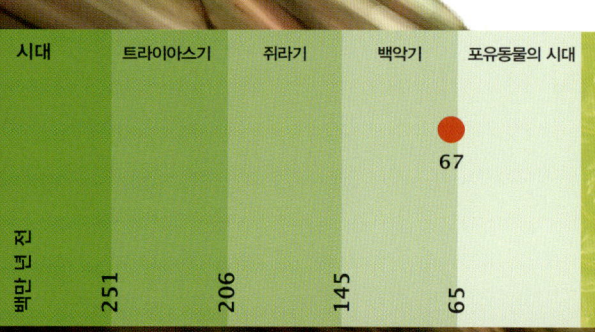

이름: 티라노사우루스
분류: 티라노사우루스과
높이: 5.5미터
길이: 12미터
무게: 8~14톤

공룡프로필

알고 있나요? 티라노사우루스의 턱은 최대 1.2미터에 달했어요. 턱에는 톱날처럼 날카로운 이빨이 최대 58개나 있었지요.

제2장 네 발로 걷는 초식공룡, 용각류

멜라노로사우루스

멜라노로사우루스는 초기 용각류 공룡 가운데 하나예요. 목이 긴 초식공룡이지요. 2억 2천 7백만 년 전부터 2억 8백만 년 전까지 살았어요. 멜라노로사우루스란 '블랙마운틴 도마뱀'이라는 뜻이에요. 이 이름은 멜라노사우루스가 최초로 발견된 남아프리카공화국 트란스케이에 있는 '블랙마운틴'이란 지명에서 따왔어요.

초기에 등장했던 용각류 공룡

용각류 공룡은 그때까지 지구에 살았던 동물들 가운데 가장 몸집이 컸어요. 초기의 공룡들은 몸집이 작았지요. 멜라노로사우루스의 몸길이는 아르겐티노사우루스(42~43쪽 참고)의 1/4이고 몸무게도 가벼웠어요. 두 개의 뒷다리로만 걷기에는 몸집이 너무 거대해 네 다리로 걸어 다녔어요.

중생대 트라이아스기 후기에는 화산들이 폭발해 육지의 형태가 새롭게 변화되었어요.

엉덩이뼈로 구분하는 공룡

용각류 공룡은 용반류 공룡의 한 종류예요. 용반류 공룡의 엉덩이뼈 형태는 오늘날 도마뱀의 엉덩이뼈와 비슷해요. 용반류 공룡 가운데 용각류 공룡은 모두 초식공룡이지만, 수각류 공룡 같은 육식공룡도 있었어요. 용반류에 속하지 않는 공룡은 모두 조반류에 속하는데, 이 조반류 공룡의 엉덩이뼈는 오늘날 새의 엉덩이뼈와 그 구조가 비슷해요. 조반류 공룡은 모두 초식공룡들이에요.

조반류 공룡

용반류 공룡

멜라노로사우루스의 두개골은 끝부분이 약간 뾰족한 형태이며, 길이가 25센티미터 정도예요.

시대	트라이아스기	쥐라기	백악기	포유동물의 시대
	218			
251	206	145	65	

이름 : 멜라노로사우루스
분류 : 멜라노로사우루스과
높이 : 4.25미터
길이 : 8미터
무게 : 1.3톤

공룡프로필

멜라노로사우루스는 하마보다 가벼웠어요. 하지만 아르겐티노사우루스는 하마보다 60배는 무거웠을 거예요.

길고 유연한 꼬리는 뒤로 갈수록 점점 가늘어져서, 멜라노로사우루스가 균형을 유지하는 데 도움을 주었어요.

긴 목은 멜라노로사우루스가 에너지를 아낄 수 있도록 해 주었어요. 몸 전체를 움직일 필요 없이 목만 움직여도 넓은 지역에 있는 식물들을 먹을 수 있었기 때문이에요.

알고 있나요? 멜라노로사우루스는 친척이 두 종 있었어요. 에우크네메사우루스는 남아프리카에서 멜라노로사우루스와 함께 살았고, 리오자사우루스는 남아메리카에 살았어요.

플라테오사우루스

1834년 플라테오사우루스의 화석이 처음 발견됐어요. 이 공룡은 여러 가지 모습으로 복원됐어요. 초기에는 오늘날의 이구아나처럼 다리가 몸통 옆쪽에 달린 모습으로 복원됐지만, 지금은 다리가 몸통 아래쪽에 달린 모습으로 복원되었지요.

두 발로 걸었을까? 네 발로 걸었을까?

전문가들은 플라테오사우루스가 네 발로 이동했는지, 두 발로 이동했는지 오랫동안 연구해 왔어요. 최근에는 두 발로 걸었다는 결론을 냈지요. 두 다리로 서는 자세가 높은 곳에 있는 식물까지 뜯어 먹기에 훨씬 도움이 되었기 때문이에요.

플라테오사우루스는 좁고 긴 턱을 가졌어요. 넓적한 이빨은 톱날 형태로 되어 있어 딱딱한 나무줄기들을 잘라 먹기에 알맞았어요.

다른 초기 용각류 공룡들과 비교해 보면, 플라테오사우루스는 앞다리가 짧았어요.

원시 형태의 초기 용각류

플라테오사우루스는 초기 용각류 공룡이에요. 이들은 두 개의 뒷다리로 이동했지만, 나중에 등장하는 용각류 공룡들은 네 개의 다리로 이동했어요. 어떤 고생물학자들은 초기 용각류가 후기 용각류보다 다양한 먹이를 먹었을 것으로 추측해요. 식물뿐만 아니라 동물도 먹었을 것으로 생각하지요. 초기 용각류에 속하는 다른 공룡으로 멜라노로사우루스(28~29쪽 참고)를 들 수 있어요.

알고 있나요? 플라테오사우루스는 잘 알려진 공룡 가운데 하나예요. 지금까지 100여 점 이상의 골격 화석들이 발견되어 연구되고 있어요.

마멘키사우루스

마멘키사우루스는 1억 6천만 년 전부터 1억 4천 5백만 년 전까지 지금의 중국 지역에 살았어요. 지금까지 모두 7종이 밝혀졌지요. 마멘키사우루스들은 모두 한 가지 공통적인 특징이 있어요. 바로 목이 몸 전체 길이의 반을 차지할 만큼 길다는 것이에요.

거대한 몸집

최초의 마멘키사우루스 화석은 1950년대에 발견되었어요. 그 후 1990년대에 '마멘키사우루스 시노카나도룸' 화석이 발견되었어요. 이 공룡은 목 길이만 18미터이고 몸길이는 35미터나 되었어요. 최초로 발견된 마멘키사우루스보다 몸길이가 3배는 길었지요.

마멘키사우루스를 사냥하려는 공룡들은 마멘키사우루스 한 마리를 쓰러뜨리기 위해 떼를 지어 공격을 해야만 했어요.

마멘키사우루스를 잡아먹던 공룡으로, 양추아노사우루스라는 알로사우루스류 공룡이에요.

시대	트라이아스기	쥐라기	백악기	포유동물의 시대
백만 년 전	251	206 · 153 · 145		65

공룡프로필

- 이름 : 마멘키사우루스
- 분류 : 마멘키사우루스과
- 높이 : 12미터
- 길이 : 20~35미터
- 무게 : 13~30톤

32 　 **알고 있나요?** 마멘키사우루스 공룡 가운데 한 종은 꼬리에 곤봉 형태의 큰 뼈 뭉치가 있었어요. 이 꼬리를 이용해 적을 방어했을 것이라 추측하지요.

목을 여기저기 뻗치는 능력

마멘키사우루스는 긴 목을 높은 곳까지 뻗칠 수 있었어요. 그러나 학자들은 마멘키사우루스가 주로 낮은 높이에 있는 여러 식물들을 먹고 살았을 것으로 생각해요. 왜냐하면 긴 목이 낮은 높이에 있는 식물들을 먹기에도 유리하기 때문이에요. 큰 몸집을 가진 공룡은 여기저기 이동할 때 에너지 소모가 많기 마련입니다. 마멘키사우루스는 몸을 움직이는 대신 긴 목을 움직여 넓은 공간에 있는 먹이를 손쉽게 섭취할 수 있었지요.

마멘키사우루스가 어떤 소리를 냈는지는 아무도 알 수 없어요.

마멘키사우루스는 자신을 공격하는 포식자들을 위협하기 위해 앞다리를 높이 쳐들고 맞섰지요.

마멘키사우루스 한 무리가 물을 마시려고 강가로 이동하고 있어요. 마멘키사우루스도 다른 모든 용각류 공룡들처럼 무리를 이뤄 살았어요.

브라키오사우루스

브라키오사우루스 화석은 1903년에 최초로 발견되었어요. 그때까지 발견된 공룡들 가운데 가장 몸집이 큰 공룡으로 기록되었지요. 처음에 고생물학자들은 이 거대한 브라키오사우루스가 과연 큰 몸집을 지탱할 수 있는 능력이 있었는가에 대해 의문을 품기도 했어요. 그래서 브라키오사우루스가 물속에서 살았을 것으로 판단하는 오류를 범하기도 했어요.

콧구멍의 정확한 위치

브라키오사우루스 화석이 처음 발견됐을 때 학자들은 브라키오사우루스의 콧구멍이 두 눈 사이의 돌기에 있었을 것으로 잘못 판단했어요. 그 커다란 몸이 이동하려면 물속에 잠수한 상태여야 한다고 생각했기 때문이에요. 하지만 이제 학자들은 브라키오사우루스가 물속이 아닌 땅 위에서 살았다는 것을 확실히 알고 있어요. 그리고 콧구멍도 눈에 가까운 것이 아닌 훨씬 아랫부분인 입 가까이에 위치했다는 것을 확인했어요. 브라키오사우루스의 콧구멍은 비교적 큰 편이어서 훌륭한 후각을 가졌을 것으로 여겨져요.

브라키오사우루스는 58개의 이빨을 지녔어요. 연필처럼 생긴 길쭉한 이빨로 식물의 줄기나 잎, 솔방울을 뜯어 먹었지요.

먹어 치우는 기계

오늘날의 초식동물들과 마찬가지로 용각류 공룡들은 무리를 이뤄 살았어요. 끊임없이 먹으면서, 새로운 먹이가 있는 장소를 찾아 이동했지요. 전문가들은 브라키오사우루스 한 마리가 하루에 약 120킬로그램의 식물을 먹었을 것이라 계산해요. 브라키오사우루스의 서식지에는 아파토사우루스나 디플로도쿠스 같은 다른 용각류 공룡들도 살고 있었어요.

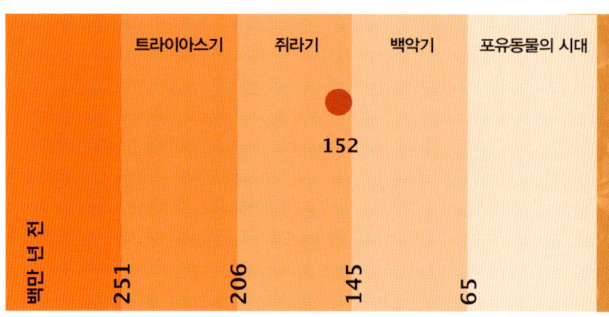

페름기 이전	트라이아스기	쥐라기	백악기	포유동물의 시대
	251	206 · 152 · 145		65

공룡프로필

- 이름 : 브라키오사우루스
- 분류 : 브라키오사우루스과
- 높이 : 9미터
- 길이 : 26미터
- 무게 : 34~56톤

다른 용각류 공룡들과 달리, 브라키오사우루스는 앞다리가 뒷다리보다 훨씬 길었어요. 그래서 등이 꼬리 쪽으로 갈수록 아래로 기울어진 모습이에요.

브라키오사우루스는 마치 기린처럼 목을 곧추 세운 자세를 취할 수도 있었어요. 그래서 브라키오사우루스류에 속하는 공룡 가운데 '거대한 기린'이라는 뜻의 '지라파티탄(Giraffatitan)'도 있었어요.

브라키오사우루스는 쥐라기 후기에 북아메리카 대륙에서 살았어요.

브라키오사우루스의 커다란 몸집은 체온 유지에 도움이 되었어요.

알고 있나요? 브라키오사우루스는 '팔 도마뱀'이라는 뜻이에요. 앞다리가 뒷다리보다 훨씬 길어서 붙여진 이름이지요.

아마르가사우루스

아마르가사우루스는 용각류 공룡들 가운데 가장 작은 공룡이에요. 몸길이는 10미터였어요. 이 공룡은 1억 2천 5백만 년 전에 지금의 아르헨티나에서 살았어요. 목에서 등으로 이어지는 뾰족한 가시 형태의 구조는 천적의 공격으로부터 자신을 방어하거나 다른 경쟁자나 짝짓기 상대에게 자신을 뽐내는 데 쓰였을 것으로 생각되지요.

동시에 두 마리 발견

아르헨티나 고생물학자인 호세 보나파르트가 이끄는 발굴팀은 아마르가사우루스 공룡 한 마리의 골격 화석을 발굴했어요. 이 화석의 보존 상태는 매우 완벽했어요. 이어서 이들은 백악기 후기의 육식공룡인 카르노타우루스의 골격 화석도 발견했어요.

아마르가사우루스의 가시가 등 쪽의 피부 조직을 지탱해 주었다는 이론도 있어요. 등 쪽의 피부가 햇볕을 받아 따뜻해지면 체온을 일정하게 유지하는 데 도움이 되었을 것이라는 주장이에요.

1984년에 발견된 아마르가사우루스 골격 화석이에요.

먹이 획득 전략

아마르가사우루스는 디크라에오사우루스류 공룡 가운데 하나예요. 디크라에오사우루스류 공룡들은 몸집이 작았기 때문에 큰 몸집의 용각류 공룡들과 먹이를 두고 경쟁을 하지 않아도 되었어요. 왜냐하면 낮은 곳에서 자라는 식물들을 찾아다녔기 때문이에요.

아마르가사우루스의 넓적한 주둥이에는 긴 막대 모양의 이빨들이 나란히 배열돼 있어요.

알고 있나요? 아마르가사우루스는 '라 아마르가에서 발견된 도마뱀'이라는 뜻이에요. 이 공룡이 발견된 장소가 아르헨티나의 '라 아마르가 아로요'였기 때문이에요.

니게르사우루스

니게르사우루스는 1970년대에 아프리카의 니제르에서 발견되어 붙여진 이름이에요. 니게르사우루스의 몸집은 코끼리만 해요. 용각류 공룡들 가운데 작은 편이지요. 이들이 살던 지역은 현재는 사하라 사막이지만 중생대 백악기 초기에는 강이 흐르고 초목이 우거진 범람원이었어요.

니게르사우루스는 디플로도쿠스류 공룡 가운데 매우 원시적인 형태에 속해요.

대단한 이빨

니게르사우루스의 입은 끝부분이 직선 형태예요. 500여 개의 이빨이 있어서 키 작은 식물들을 아작아작 씹어 먹기에 알맞았지요. 입의 가장 바깥쪽에 작은 크기의 이빨이 50개 정도 나 있고 그 안쪽으로 8줄의 이빨이 더 있어요. 앞의 이빨이 빠져 교체할 때가 되면 안에 있던 이빨이 바로 앞으로 나오는 구조이지요. 섬유질이 많은 식물을 잘라 내는 것은 쉽지 않은 일이어서, 이빨들은 몇 주만 지나도 한 줄이 다 닳아서 새롭게 교체되어야 했어요.

니게르사우루스의 이빨은 앞부분에 나 있어 땅에 가깝게 붙어서 식물들을 잘 베어 먹을 수 있었어요.

시대	트라이아스기	쥐라기	백악기	포유동물의 시대
백만 년 전	251	206	145 ● 110	65

이름 : 니게르사우루스
분류 : 레바키사우루스과
높이 : 4미터
길이 : 9미터
무게 : 10~12톤

공룡프로필

알고 있나요? 니게르사우루스의 골격 화석은 알에서 깨어난 지 얼마 안 된 새끼 공룡의 아래턱뼈였어요. 이 턱뼈는 2.5센티미터밖에 안 되는 작은 화석이지요.

함께 발견된 화석들

니게르사우루스는 중생대 백악기 초기 지층인 엘라즈층에서 발견됐어요. 이 지층에서는 물고기를 잡아먹는 공룡인 수코미무스와 하드로사우루스류 공룡인 오우라노사우루스도 발견됐어요. 초대형 크기의 악어 사르코수쿠스 역시 엘라즈층에서 발견되었어요.

니게르사우루스는 많은 시간을 먹이를 찾느라 머리를 아래로 숙이고 있었어요. 천적이 오는지 살필 때에야 머리를 들어 올렸을 거예요.

니게르사우루스의 입은 끝부분이 뭉툭했어요.

니게르사우루스는 눈이 매우 컸지만 다른 용각류 공룡들에 비해 콧구멍이 매우 작았어요. 그래서 냄새를 잘 못 맡았어요.

니게르사우루스는 주로 이끼와 고사리, 그늘에서 자라는 풀들을 먹었어요.

사우로포세이돈

사우로포세이돈의 화석은 1994년에 미국 오클라호마주에서 개를 데리고 산책하던 사람이 처음 발견했어요. 당시 발견된 화석은 사우로포세이돈 목뼈의 일부분이었지요. 이 공룡은 높이가 무려 18미터로 지금까지 발견된 공룡 가운데 가장 키가 큽니다. 무게도 아르겐티노사우루스(42~43쪽 참고)와 맞먹을 정도로 무거웠어요.

덥고 습한 기후

초식공룡인 사우로포세이돈은 1억 1천만 년 전에 지금의 멕시코만 지역에서 살았어요. 그때 이 지역은 열대우림과 삼각주, 습지로 이루어져 있었습니다. 기후는 일 년 내내 덥고 습한 열대성 기후였거나, 뜨겁고 비가 많이 오는 여름과 짧고 온화한 겨울이 번갈아 오는 아열대성 기후였을 것으로 추측하지요.

거대한 몸집

사우로포세이돈은 그리스 신화에 나오는 바다와 지진의 신 '포세이돈'에서 따온 이름이에요. 땅을 뒤흔들 정도로 몸집이 거대해서 이런 이름이 붙었지요. 사우로포세이돈은 백악기 초기의 유일한 거대 용각류 공룡으로 여겨져요. 그렇지만 사우로포세이돈의 새끼들은 최고의 포식자였던 아크로칸토사우루스를 조심해야 했어요.

사우로포세이돈의 발자국 화석들이 미국 텍사스주에서 발견되었어요.

다른 용각류 공룡들과 마찬가지로 사우로포세이돈 역시 무리를 이뤄 살았어요.

아르겐티노사우루스

아르겐티노사우루스가 살던 지금의 남아메리카 지역은 백악기 후기에는 따뜻하고 비가 많이 오던 지역이었어요. 그래서 거대한 몸집을 가진 초식동물들이 살기에 적합했지요. '아르헨티나 도마뱀'이란 뜻의 아르겐티노사우루스는 지구에 살았던 모든 동물들 가운데 몸집이 가장 큰 동물로 손꼽힙니다. 척추뼈 하나의 길이가 사람 키만 할 정도이지요.

아르겐티노사우루스는 기다란 목을 사용하여 몸을 움직이지 않고도 먹이를 찾아 먹을 수 있었어요.

최고 기록의 공룡

아르겐티노사우루스 화석은 1987년에 한 농부에 의해 우연히 발견됐어요. 농부는 아르겐티노사우루스의 엄청나게 큰 다리뼈를 화석화된 나무라고 생각했어요. 하지만 공룡의 화석이었지요. 아르겐티노사우루스는 약 20년 동안 가장 큰 공룡으로 기록되었어요. 그리고 이제 새로운 공룡이 발견되어 그 영광스런 자리를 내주게 되었지요. 아직 이름을 붙이지 못한 이 새로운 공룡은 몸길이가 40미터, 높이가 20미터, 무게가 85톤이나 돼요.

새로 발견된 이 거대 용각류 공룡은 아르겐티노사우루스보다도 훨씬 커요. 거의 7층 건물 높이예요.

시대	트라이아스기	쥐라기	백악기	포유동물의 시대
백만 년 전	251	206	145 ● 95	65

이름 : 아르겐티노사우루스
분류 : 안타르크토사우루스과
높이 : 7.3미터
길이 : 30~35미터
무게 : 60~80톤

공룡프로필

알고 있나요? 아르겐티노사우루스의 알은 크기가 럭비공 정도였을 것으로 생각돼요.

살타사우루스

살타사우루스는 티타노사우루스류 공룡 가운데 한 종이에요. 중생대 백악기 후기에 오늘날의 아르헨티나에서 살았어요. 살타사우루스는 골판이 있다고 기록된 최초의 용각류입니다. 몸집이 작았던 살타사우루스는 골판이 있어 자신을 보호했을 거예요.

살타사우루스는 짧고 뭉툭한 다리와 작은 발을 지녔어요.

티타노사우루스류 공룡들의 알둥지

1997년에 아르헨티나에서 살타사우루스의 알둥지 화석이 집단으로 발견되었어요. 그 지역은 수백 년 동안 살타사우루스들의 산란 지역이었어요.
어미 살타사우루스들이 알을 낳아 놓으면 새끼들이 나중에 알을 까고 나와 알둥지를 떠났어요.
하지만 이 지역은 비가 많이 오면 강물이 불어 물에 잠기는 지역이었어요. 물에 잠긴 알둥지들은 진흙 속에 묻힌 채 화석으로 남게 되었어요.

살타사우루스는 알둥지를 항상 지키고 있지는 않았어요. 하지만 알을 천적으로부터 보호하고, 온도를 유지시키기 위해 흙이나 식물로 알둥지를 잘 덮어 두었지요.

시대	트라이아스기	쥐라기	백악기	포유동물의 시대
251	206	145	70 / 65	

이름 : 살타사우루스
분류 : 살타사우루스과
높이 : 5미터
길이 : 8.5~12.8미터
무게 : 2.5~6.8톤

공룡프로필

살타사우루스는 목과 꼬리가 모두 짧은 편이에요.

갑옷 같은 골판

살타사우루스 로리카투스는 '갑옷을 입은' 또는 '무장한'이라는 뜻이에요. 피부에 있는 골판 덕분이지요. 살타사우루스의 골판은 크기에 따라 두 종류로 나뉘어요. 큰 골판은 타원형으로 12센티미터 정도 길이예요. 그리고 이 큰 골판들 사이에 있는 작은 골판들은 지름이 약 0.7센티미터예요. 고생물학자들은 최근 또 다른 용각류 공룡 역시 골판이 있었다는 것을 밝혀냈어요. 그 공룡은 라플라타사우루스로, 몸길이가 18미터 정도에 이르며 백악기 후기 아르헨티나에서 살았어요.

살타사우루스는 지금까지 단 한 종만이 알려졌어요. 정확한 학명은 살타사우루스 로리카투스예요.

살타사우루스가 하루에 먹는 식물은 약 205킬로그램에 달했어요.

알고 있나요? 살타사우루스의 알은 길이가 12센티미터 정도예요. 이는 타조알보다 작은 크기예요.

45

라페토사우루스

대부분의 티타노사우루스류 공룡들은 부분적으로 발견된 골격 화석만으로 이름 지어지고 알려져 왔어요. 하지만 라페토사우루스는 거의 완벽에 가까운 골격 화석이 발견돼 연구되었지요. 이 공룡들은 약 7천만 년 전에 지금의 아프리카 대륙 동쪽 해안에 위치한 마다가스카르섬에서 살았어요.

공룡의 위에 있었던 이 위석들은 표면이 윤기가 날 정도로 매끄럽게 다듬어진 상태예요.

위석의 발견

라페토사우루스는 소화에 도움을 주기 위해 작은 돌들을 삼켜 이 돌들에 의해 위 속에서 음식물이 잘게 부서질 수 있도록 했지요. 이 돌들을 '위석'이라 해요.

라페토사우루스의 피부에는 골판으로 불리는 뼈 돌기들이 잘 배열되어 있어요.

46

다 자라지 않은 거인

라페토사우루스의 화석은 미국의 고생물학자인 크리스티나 커리 로서스에 의해 발견되었어요. 그녀는 이 공룡의 이름을 마다가스카르 신화 속에 등장하는 거인의 이름인 '라페토'에서 따왔습니다. 로저스가 처음 발견한 이 공룡은 몸길이 8미터 정도의 아직 덜 자란 청소년기의 공룡이었어요. 라페토사우루스가 다 자랄 경우 몸길이는 15미터에 달할 거예요.

라페토사우루스는 일부러 작은 돌들을 삼켜 먹은 음식물이 위 속에서 잘게 부서지도록 했어요.

라페토사우루스는 티타노사우루스류 공룡 가운데 머리와 몸통 골격이 붙어 있는 상태로 발견된 최초의 골격 화석이에요.

라페토사우루스에게는 거대한 심장과 폐가 필요했을 거예요.

시대	트라이아스기	쥐라기	백악기	포유동물의 시대
뼈만 년 전	251	206	145	65

68

이름 : 라페토사우루스
분류 : 네메그토사우루스과
높이 : 5.5미터
길이 : 8~15미터
무게 : 25톤

공룡프로필

알고 있나요? 알을 깨고 나온 지 한 달이나 두 달 정도로 보이는 라페토사우루스 새끼 공룡의 화석이 발견되었어요. 아마도 굶어 죽었던 것으로 추측하고 있지요. 이 새끼 공룡의 몸무게는 40킬로그램 정도였을 거라고 해요.

제3장 새의 엉덩이뼈 구조를 가진 공룡, 조각류

헤테로돈토사우루스

헤테로돈토사우루스는 약 1억 9천 5백만 년 전에 지금의 남아프리카 지역에서 살았어요. 이름의 뜻은 '다른 이빨을 가진 도마뱀'이에요. 다른 공룡들과 달리 헤테로돈토사우루스의 이빨이 여러 가지 모양으로 생겼기 때문이에요.

쓰임이 서로 다른 이빨들

헤테로돈토사우루스의 턱 깊숙이 위치한 네모난 이빨은 어금니처럼 생겨서 먹잇감을 갈고 씹는 데 사용됐어요. 입 앞쪽에 위치한 작은 이빨들은 나무줄기들을 잘라 내는 데 알맞았어요. 송곳니처럼 생긴 휘어진 형태의 이빨 한 쌍도 있었지요.

헤테로돈토사우루스의 송곳니처럼 생긴 이빨은 경쟁 관계에 있는 공룡들에게 자기과시의 역할을 했을 거예요.

1966년 발견된 헤테로돈토사우루스 골격 화석의 복제품이에요.

헤테로돈토사우루스 골격 화석의 발견

1961년 처음 발견된 헤테로돈토사우루스 골격 표본은 두개골이었어요. 5년 후 발견된 또 다른 표본 역시 두개골이었는데, 거의 완벽에 가까운 상태로 보존돼 있었지요. 그 후에도 여러 차례 다른 헤테로돈토사우루스 표본들이 발굴되었습니다. 2005년에는 가장 완벽한 골격이 발견되었어요. 하지만 단단한 암석 안에 묻혀 있어 아직까지도 발굴 작업을 하지 못했어요.

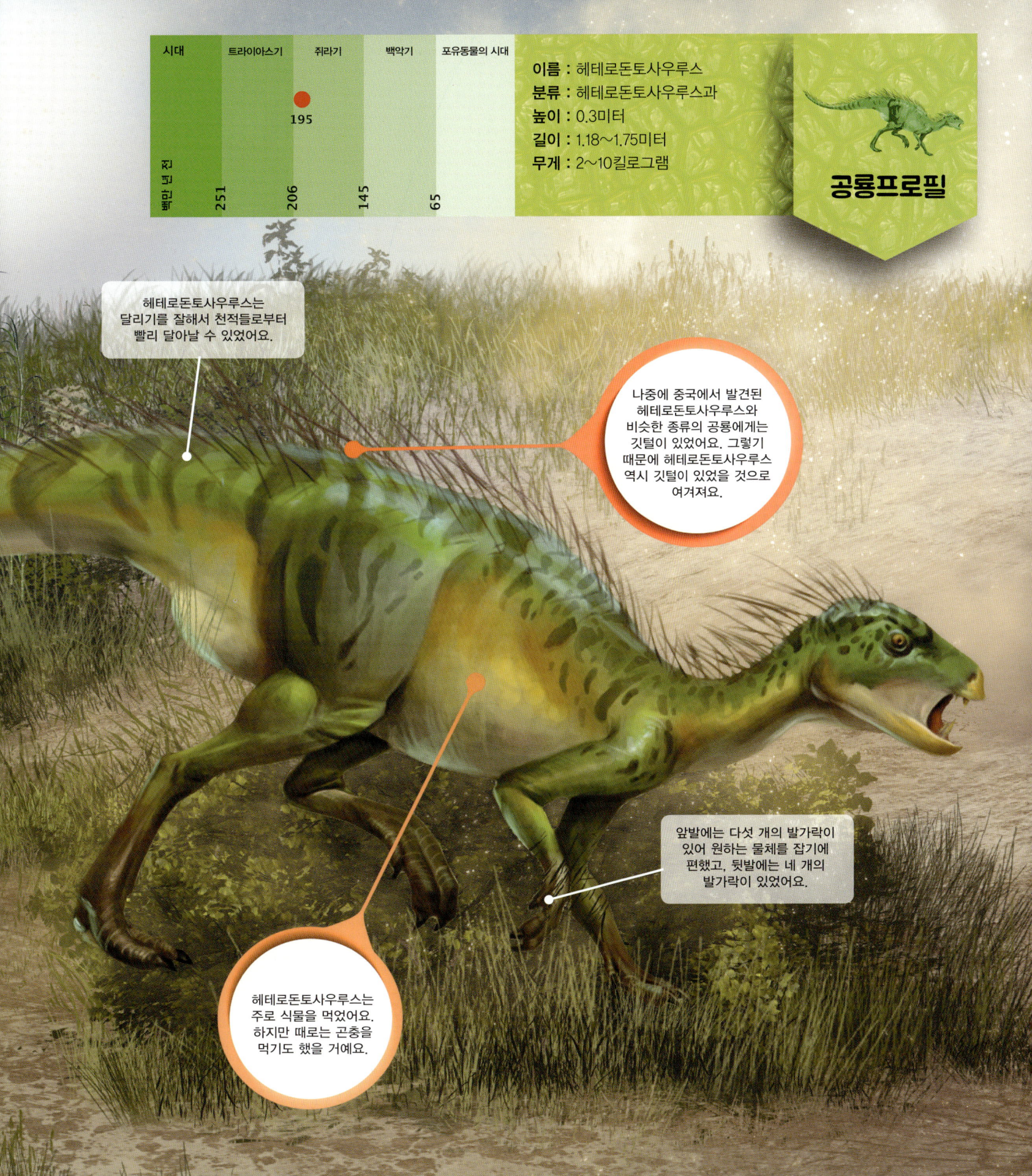

| 시대 | 트라이아스기 | 쥐라기 | 백악기 | 포유동물의 시대 |

195
251 206 145 65

이름 : 헤테로돈토사우루스
분류 : 헤테로돈토사우루스과
높이 : 0.3미터
길이 : 1.18~1.75미터
무게 : 2~10킬로그램

공룡프로필

헤테로돈토사우루스는 달리기를 잘해서 천적들로부터 빨리 달아날 수 있었어요.

나중에 중국에서 발견된 헤테로돈토사우루스와 비슷한 종류의 공룡에게는 깃털이 있었어요. 그렇기 때문에 헤테로돈토사우루스 역시 깃털이 있었을 것으로 여겨져요.

앞발에는 다섯 개의 발가락이 있어 원하는 물체를 잡기에 편했고, 뒷발에는 네 개의 발가락이 있었어요.

헤테로돈토사우루스는 주로 식물을 먹었어요. 하지만 때로는 곤충을 먹기도 했을 거예요.

알고 있나요? 헤테로돈토사우루스류 공룡 가운데 몸집이 가장 작은 공룡은 프루이타덴스예요. 프루이타덴스는 쥐라기 후기에 북아메리카 대륙에서 살았어요. 몸길이는 70센티미터 정도였지요.

힙실로포돈

힙실로포돈은 백악기 초기에 영국 남쪽에 있는 와이트섬에서 살았어요. 몸집이 작고 빨리 움직일 수 있었으며, 서로를 보호하기 위해 무리를 지어 살았어요. 힙실로포돈은 고사리나 소철 같은 딱딱한 식물들을 먹었습니다.

위협적인 육식공룡과 함께 살았어요.

힙실로포돈이 살던 곳에는 위협적인 사냥꾼인 바리오닉스, 에오티라누스, 네오베나토르가 있었어요. 바리오닉스는 좁고 길쭉한 턱을 이용해 주로 물고기를 잡아먹었어요. 에오티라누스는 조랑말 정도의 크기로 티라노사우루스류에 속하는 공룡이에요. 네오베나토르는 이 세 사냥꾼들 가운데 최고의 포식자예요. 알로사우루스류 공룡이며, 7.6미터의 몸길이를 지녔지요. 네오베나토르란 '새로운 사냥꾼'이란 뜻입니다.

힙실로포돈은 부리처럼 생긴 짧은 주둥이로 낮은 곳의 식물들을 잘라 먹었어요.

이때의 기후는 매우 덥고 대부분 건조했어요. 비가 오게 되면 물이 갑작스럽게 불어나곤 했지요.

시대	트라이아스기	쥐라기	백악기	포유동물의 시대
판게아 전	251	206	145 ● 128	65

이름 : 힙실로포돈
분류 : 힙실로포돈과
높이 : 0.6미터
길이 : 1.8~2.3미터
무게 : 20킬로그램

공룡프로필

알고 있나요? 영국 와이트섬의 브라이트스톤만에서만 지금까지 100여 점이 넘는 힙실로포돈 골격 화석들이 발견되었어요.

힙실로포돈은 헤테로돈토사우루스처럼 두 다리로 걸었어요. 역시 초기 조각류 공룡 가운데 한 종류이지요.

힙실로포돈의 꼬리는 뒤쪽으로 쭉 뻗어 있어 몸의 균형을 유지시켜 주었어요.

힙실로포돈의 골격은 매우 가벼워서, 빠르게 이동하는 데 도움을 주었을 거예요.

네 발로 걸었을까? 두 발로 걸었을까?

19세기에는 힙실로포돈을 그릴 때 도마뱀처럼 네 발로 이동하는 동물로 잘못 그린 경우가 많았어요. 어떤 학자는 이 공룡이 앞발로 물체를 움켜잡을 수 있었으며 나무 사이를 이동하며 살았다고 추측하기도 했어요. 하지만 지금은 땅 위에서 살았다는 것이 밝혀졌어요.

네 발로 이동하는 모습으로 그려진 힙실로포돈(왼쪽)과 캥거루처럼 생긴 모습으로 그려진 힙실로포돈(오른쪽)이에요.

이구아노돈

중생대 백악기 초기와 중기에는 이구아노돈이 오늘날의 유럽과 북아메리카 대륙을 이리저리 돌아다니고 있었어요. 거대한 초식공룡인 이구아노돈은 지금까지 최소 25종 이상이 발견되었습니다. 이구아노돈은 천적인 데이노니쿠스와 같은 육식공룡의 공격으로부터 자신을 보호하기 위해 무리를 지어 이동했어요.

이구아노돈은 네 발로 걸었어요. 몸통과 꼬리를 땅과 평행이 된 상태로 유지하며 이동했지요.

이구아노돈이 볼주머니에 음식을 저장했다고 주장하는 학자들도 있어요.

이구아노돈은 종종 뒷다리로만 우뚝 서기도 했어요. 먹이를 향해 앞다리를 뻗치거나 위험에 대비해 주위를 돌아보기 위해서였지요.

알고 있나요? 영국의 지질학자 기디언 맨텔이 이구아노돈이란 이름을 최초로 지었을 때가 1825년이었어요. 이후 17년이 지나서야 고생물학자 리처드 오언이 '공룡'이라는 단어를 만들었어요.

이구아나 이빨

이구아노돈은 이빨이 없는 부리 부분을 이용해 고사리 같은 단단한 식물들을 잘라 먹을 수 있었어요. 양쪽 뺨 쪽에 위치한 넓적하게 생긴 이빨로는 먹이를 짓이기고 껍질 안의 성분이 밖으로 나오도록 씹을 수 있었지요. 이빨의 생김새가 오늘날의 이구아나 이빨과 비슷해 이름도 '이구아나 이빨'이라는 뜻의 이구아노돈이 되었어요.

이구아노돈의 꼬리는 뒤로 뻗친 모양이에요.

이구아노돈의 뾰족한 첫 번째 앞 발톱은 자신을 공격하는 천적들을 찌를 수 있는 무기로 사용되었어요.

초기에 발견된 화석들

역사상 두 번째로 이름을 갖게 된 공룡이 바로 이구아노돈이에요. 첫 번째로 이름이 붙여진 공룡은 메갈로사우루스입니다. 이구아노돈은 영국 남부 지역에서 처음 발견됐는데, 당시 발견된 화석은 이빨 몇 점이 전부였어요. 가장 완벽한 이구아노돈 골격은 벨기에 베르니사르트의 석탄 광산에서 발견됐습니다. 1878년에는 거의 40점의 이구아노돈 골격 화석들이 발굴됐어요.

벨기에 베르니사르트에서 발굴한 이구아노돈 표본을 전시하기 위해 복원하는 모습이에요.

시대	트라이아스기	쥐라기	백악기	포유동물의 시대
	251	206	145 ● 121	65

백만 년 전

이름 : 이구아노돈
분류 : 이구아노돈과
높이 : 3.25미터
길이 : 10~13미터
무게 : 3~3.4톤

공룡프로필

53

리엘리나사우라

커다란 눈을 가진 리엘리나사우라는 약 1억 1천만 년 전에 살았던 초식공룡이에요. 리엘리나사우라가 살았던 숲은 남극권에 속했어요. 그렇기 때문에 리엘리나사우라는 추위와 어둠에 적응해야만 했지요.

시대	트라이아스기	쥐라기	백악기	포유동물의 시대
			110	
251	206	145	65	

이름: 리엘리나사우라
분류: 힙실로포돈과
높이: 0.6미터
길이: 0.9~1.8미터
무게: 20킬로그램

공룡프로필

공룡 코브

리엘리나사우라는 1989년에 오스트레일리아 남동부의 빅토리아주 해안가인 '공룡 코브'에서 발견됐어요. 중생대 백악기 초기에 이곳에 모래와 진흙이 쌓여 나중에 절벽이 형성됐지요. 공룡 코브에서는 초식공룡인 아틀라스콥코사우루스와 작은 수각류 공룡인 티미무스도 발견됐어요.

오스트레일리아에서 발행된 우표에 리엘리나사우라의 모습이 실려 있어요.

따뜻하게 지내기

백악기 초기에는 오스트레일리아의 맨 남쪽 지역이 남극권에 포함됐어요. 기온은 지금보다 더 온화하고 따뜻했지요. 그러나 긴 겨울이 지속되는 기간에는 먹을 것이 부족했어요. 리엘리나사우라가 동면을 했다는 증거는 전혀 없지만, 땅굴을 파고 그 속에 들어가 추위를 피했을 수는 있어요.

백악기 초기에 공룡 코브는 범람원이었어요. 그 곳에는 침엽수와 은행나무, 칠레삼나무들이 있었어요.

알고 있나요? 리엘리나사우라의 화석은 고생물학자인 토머스 리치와 퍼트리샤 비커스리치 부부에 의해 처음 발견됐어요. 이들은 공룡의 이름을 딸 이름인 '리엘린'에서 따왔어요.

가스파리니사우라

초식공룡인 가스파리니사우라는 약 8천 5백만 년 전에 지금의 아르헨티나에서 살았어요. 몸집이 작아 민첩하게 움직일 수 있었지요. 이들은 이구아노돈(52~53쪽 참고)과 같은 과에 속하는 공룡이지만 몸집이 훨씬 작았어요. 주로 침엽수와 소철 같은 딱딱한 식물들을 먹고 살았어요.

소화를 돕는 위석

위석(46쪽 참고)은 가스파리니사우라의 위에서도 발견되었어요. 한 공룡의 위에서 위석이 140개까지 발견됐어요. 위석의 길이는 1센티미터 정도였어요. 가스파리니사우라가 섭취한 식물들은 위석들에 의해 작게 부서져 소화되었어요.

> 작은 가스파리니사우라의 골격 표본들이 덴마크의 코펜하겐에서 전시된 모습이에요.

> 가스파리니사우라의 커다란 두 눈은 얼굴 위쪽에 위치하고 있어요. 그래서 시야가 매우 넓었지요. 넓은 시야는 위험을 감지하는 데 큰 도움을 주었어요.

시대	트라이아스기	쥐라기	백악기	포유동물의 시대
251	206	145	85	65

이름 : 가스파리니사우라
분류 : 이구아노돈과
높이 : 0.8미터
길이 : 1.7미터
무게 : 13킬로그램

공룡프로필

알고 있나요? 가스파리니사우라란 이름은 아르헨티나의 고생물학자 이름인 '줄마 브란도니 드 가스파리니'로부터 따왔어요. 가스파리니 박사가 이끄는 발굴팀의 대원 두 명이 이 공룡 화석을 발견했기 때문이에요.

거대한 동물들과 함께 살았어요.

가스파리니사우라의 골격 화석은 지금의 아르헨티나 파타고니아에 있는 암석 속에서 발견되었어요. 거대 공룡인 아르겐티노사우루스(42~43쪽 참고), 살타사우루스(44~45쪽 참고), 안타르크토사우루스 같은 티타노사우루스류 공룡들과 아우카사우루스, 아벨리사우루스 같은 수각류 공룡들도 근처에서 함께 발견되었습니다.

가스파리니사우라는 당대 최고의 몸집을 가진 거대 공룡인 아르겐티노사우루스와 함께 살았어요.

가스파리니사우라의 앞발 엄지발톱 모양은 사촌뻘인 이구아노돈과 비슷했어요. 못처럼 뾰족한 모양이었지요.

파라사우롤로푸스

파라사우롤로푸스는 7천 5백만 년 전에 지금의 북아메리카 대륙에서 살았어요. '오리 주둥이 공룡'이라 불리는 하드로사우루스류 공룡에 속하지요. 하드로사우루스류에 속하는 또 다른 공룡인 사우롤로푸스와 매우 가까운 친척 관계예요. 사우롤로푸스는 '볏을 가진 도마뱀'이란 뜻이고, 파라사우롤로푸스는 '사우롤로푸스와 비슷하다'는 뜻이에요. 아시아에 살던 친척 관계의 공룡인 카로노사우루스는 파라사우롤로푸스보다 몸집이 훨씬 컸어요.

두개골의 특징

사우롤로푸스와 파라사우롤로푸스의 볏은 겉으로는 비슷해 보여도 사실 차이가 커요. 사우롤로푸스의 볏은 속이 꽉 차고 단단해요. 하지만 파라사우롤로푸스의 볏은 속이 비었고 콧구멍과 하나의 관으로 연결되어 있어서 소리를 크게 증폭시키는 역할을 했어요.

이 볏은 공룡의 소리가 더 멀리 갈 수 있도록 해 줘요.

파라사우롤로푸스는 위험이 닥쳐오는지 미리 살펴보거나 달리려 할 때 뒷다리로 설 수 있었어요.

파라사우롤로푸스의 튼튼한 뒷다리는 무성한 덤불을 헤치고 나아가는 데 큰 도움을 줘요.

파라사우롤로푸스는 네 발로 서서 풀을 뜯어 먹었어요.

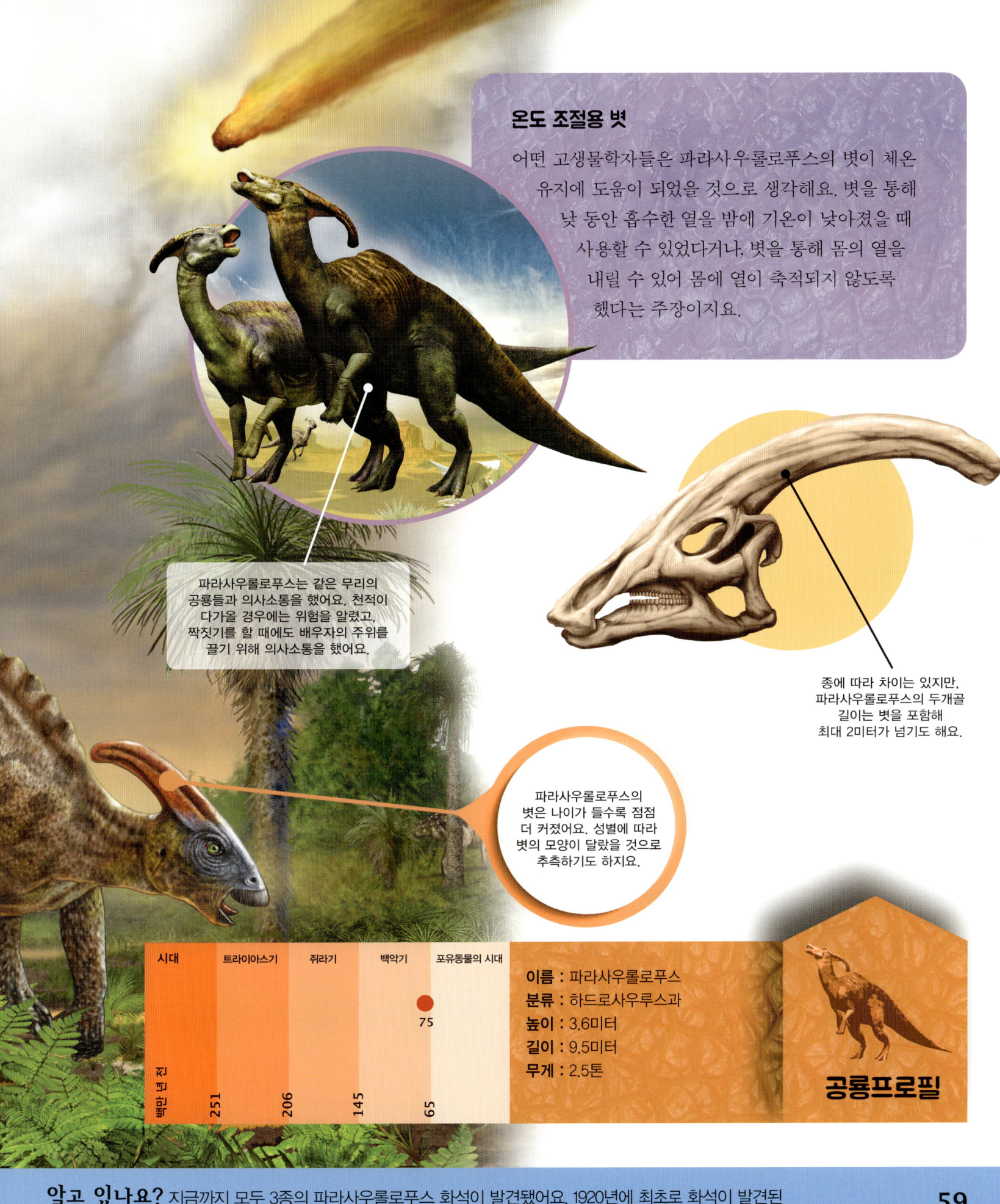

람베오사우루스

하드로사우루스류 공룡들 가운데 볏이 비어 있는 공룡들은 람베오사우루스류 공룡으로 알려졌어요. 람베오사우루스도 파라사우롤로푸스(58~59쪽 참고)와 함께 약 7천 5백만 년 전에 오늘날의 북아메리카 대륙에서 살았습니다. 람베오사우루스라는 이름은 캐나다의 고생물학자 로렌스 람베의 이름에서 따왔어요.

공룡공원층

람베오사우루스는 캐나다 앨버타주의 '공룡공원층'에서 발견됐어요. 이 지층에서는 다른 공룡의 화석들도 함께 발견되었지요. 하드로사우루스류 공룡인 파라사우롤로푸스와 코리토사우루스, 파키케팔로사우루스류 공룡인 스테고케라스(74~75쪽 참고), 케라톱스류 공룡인 스트라코사우루스(76~77쪽 참고), 안킬로사우루스류 공룡인 에드몬토니아(102~103쪽 참고)와 에우오플로케팔루스(104~105쪽 참고)도 이곳에서 함께 발견됐어요.

람베오사우루스의 볏은 마치 도끼머리처럼 생겼어요.

람베오사우루스는 양쪽 뺨 부위에 100개가 넘는 이빨이 있어 먹이를 씹어 먹었어요.

미국의 고생물학자 바넘 브라운이 1912년 최초의 코리토사우루스 골격 표본을 발굴했어요.

볏의 내부 구조가 다른 사촌

람베오사우루스는 같은 지역에 살았던 코리토사우루스와 비슷하게 생겼어요. 하지만 코리토사우루스의 볏은 공기가 지나는 내부 통로가 복잡했어요. 그런 구조 덕분에 코리토사우루스의 소리는 훨씬 깊고 낮아져 먼 거리까지 도달할 수 있었지요. 코리토사우루스는 '헬멧을 쓴 도마뱀'이란 뜻이에요.

시대	트라이아스기	쥐라기	백악기	포유동물의 시대
백만 년 전	251	206	145 ● 75	65

이름 : 람베오사우루스
분류 : 하드로사우루스과
높이 : 4미터
길이 : 9.4미터
무게 : 5톤

공룡프로필

람베오사우루스의 볏은 짝짓기를 할 때 배우자에게 잘 보이기 위해 사용됐어요. 소리를 크게 증폭시키거나, 후각을 발달시키기 위해 사용됐을 수도 있지요.

이 초식공룡들은 습지가 많은 숲속에서 살았어요.

람베오사우루스는 두 발 혹은 네 발로 걸을 수 있었어요. 키가 작은 식물이나 큰 식물 모두를 잘 먹기 위해서였지요.

알고 있나요? 아주 오래 전에 일부 고생물학자들은 람베오사우루스를 물속에서 사는 공룡으로 생각했어요. 이 공룡의 볏이 물속에서 숨을 쉬는 데 사용됐다고 주장했지요.

산퉁고사우루스

오리 주둥이를 가진 모든 공룡이 볏을 가진 것은 아니에요. 하드로사우루스류 공룡들 가운데 가장 큰 공룡인 산퉁고사우루스는 볏이 없었어요. 대신 산퉁고사우루스는 독특한 소리를 낼 수 있었을지도 모릅니다. 공기를 넣어 부풀릴 수 있는 덮개 형식의 피부가 콧구멍 쪽에 있었기 때문이에요.

중국 산둥 지역에서 발견

산퉁고사우루스란 '산둥 도마뱀'을 의미해요. 이 공룡은 중국 산둥성에서 발견됐어요. 1973년에 발견된 이후 총 5점의 표본들이 발굴되었지만 모두 완벽한 골격의 형태는 아니었어요. 산퉁고사우루스가 살았던 지역이 홍수가 나면 물이 쉽게 불어나는 곳이었기 때문이지요.

산퉁고사우루스는 꼬리를 이용해 포식자 타르보사우루스를 강력하게 후려쳐 한 방에 때려눕혔을 거예요.

알고 있나요? 산퉁고사우루스는 넓적다리의 길이만 무려 1.7미터였어요.

시대	트라이아스기	쥐라기	백악기	포유동물의 시대
백만 년 전	251	206	145 · 74	65

이름 : 산퉁고사우루스
분류 : 하드로사우루스과
높이 : 5미터
길이 : 14.7~16미터
무게 : 16톤

공룡프로필

착한 엄마들

'마이아사우라'는 오리 주둥이 공룡들 가운데 가장 잘 알려진 공룡이에요. 마이아사우라란 '착한 엄마 도마뱀'이라는 뜻이에요. 이 공룡이 발견되었을 때 알둥지와 함께 발견되었기 때문이지요. 마이아사우라는 알을 품었을 뿐만 아니라, 알을 깨고 나온 새끼들을 한동안 돌보며 키웠을 거예요. 다른 하드로사우루스류 공룡들도 같은 방식으로 새끼를 돌봤을 거예요.

1.6미터나 되는 머리뼈 앞쪽 끝에는 부리가 있는데 그 부리에 이빨은 없었어요.

산퉁고사우루스의 새끼들은 너무 어리고 약해서 스스로 먹이를 구할 수 있는 능력이 없었을 거예요.

하드로사우루스류 공룡들의 알은 둥근 형태예요.

에드몬토사우루스

에드몬토사우루스는 중생대 백악기가 끝날 무렵에 살았어요. 산퉁고사우루스(62~63쪽 참고)의 북아메리카 대륙에 사는 사촌이라고 볼 수 있지요. 에드몬토사우루스란 이름은 이 공룡이 발견된 캐나다 앨버타주의 수도인 '에드먼턴'에서 따왔어요.

뛰기와 걷기

에드몬토사우루스는 보통은 두 발로 걷지만 네 다리로도 걸을 수 있었어요. 이들의 최대 속력은 시속 50킬로미터가 넘을 정도로 빨랐어요. 그래서 천적으로부터 도망쳐 자신을 보호할 수 있었어요. 에드몬토사우루스의 꼬리뼈에서는 육식공룡의 이빨 자국이 발견되기도 했습니다.

에드몬토사우루스의 머리 윗부분에 있는 작은 볏은 뼈가 없이 피부와 비늘로만 이루어져 있어요.

에드몬토사우루스의 척추뼈는 엉덩이뼈 윗부분과 수평을 이루고 있어요.

시대	트라이아스기	쥐라기	백악기	포유동물의 시대
백만년 전	251	206	145	70 ● 65

이름 : 에드몬토사우루스
분류 : 하드로사우루스과
높이 : 3.5미터
길이 : 12~15미터
무게 : 4.4~9톤

공룡프로필

에드몬토사우루스의 좁고 긴 형태의 두개골 맨 앞쪽에는 부리 형태의 입이 있어요.

에드몬토사우루스는 피부 화석이 발견돼 고생물학자들이 연구를 수행할 수 있었어요.

거대한 몸집

어떤 전문가들은 에드몬토사우루스의 몸집이 산퉁고사우루스만큼 엄청났을 것으로 추측해요. 그 증거로 7.6미터가 넘는 에드몬토사우루스의 꼬리뼈 화석이 제시되었지요. 하지만 안타깝게도 대부분의 에드몬토사우루스가 크기도 전에 천적들에게 잡아먹히거나 질병이나 자연재해로 죽었을 것으로 보여요.

에드몬토사우루스는 성장하면서 두개골이 점차 길어지고 납작해졌어요.

알고 있나요? 지금까지 여러 종의 에드몬토사우루스 화석들이 발견되었지만, 현재 공식적으로 인정받는 종은 단 2종에 불과해요.

테스켈로사우루스

1891년에 최초의 테스켈로사우루스 화석이 발견되었어요. 하지만 이 화석은 큰 나무 상자에 보관된 채로 20년이 지나도록 연구되지 못했어요. 마침내 연구가 되었을 때 이 공룡에게 '테스켈로사우루스 네글렉투스'라는 이름이 붙었어요. 이 이름은 '훌륭한 도마뱀'이라는 뜻이 있지요. 하지만 무시됐다는 뜻도 담겨 있어요.

심장 화석

2000년에 미국 노스캐롤라이나주의 학자들이 테스켈로사우루스 골격 표본을 공개했어요. 이 골격 표본은 완벽한 상태이며 화석 안에 심장이 있다고도 발표했지요. 심장은 매우 섬세하고 약한 조직으로 되어 있어 화석으로 보존되는 것이 매우 드문 일이기에 이 발표는 많은 관심을 받았어요. 하지만 안타깝게도 이 심장 화석은 화석이 되는 과정에서 생긴 암석 덩어리에 불과하다고 밝혀졌어요.

테스켈로사우루스의 넓적다리 길이는 종아리 길이보다 길었어요. 반대로 빨리 달리는 조각류 공룡들은 종아리가 길고, 넓적다리가 짧았지요.

처음 이 화석을 연구한 고생물학자들은 가슴 부위 안쪽에 있는 검은색 고리 모양의 구조가 이 공룡의 심장일 수도 있다고 생각했어요.

이름: 테스켈로사우루스
분류: 테스켈로사우루스과
높이: 1.75미터
길이: 2.5~4미터
무게: 200~300킬로그램

공룡프로필

식물만 먹었을까?

테스켈로사우루스 화석들은 북아메리카 대륙 여러 곳에서 발견돼 오고 있어요. 테스켈로사우루스는 범람원과 강기슭, 호숫가 주변에서 살았어요. 테스켈로사우루스의 입속 뒷부분에 배열되어 있는 이빨은 잎 모양처럼 생겨서 이 공룡이 초식공룡이라는 것을 알 수 있습니다. 하지만 입의 앞쪽에 위치한 이빨들은 작고 끝이 뾰족해 육식을 하기에도 문제가 없는 형태였어요. 그래서 이 공룡들은 종종 고기를 먹었을 가능성도 있지요.

이 테스켈로사우루스 골격 표본은 미국 몬태나주에 있는 헬크릭층에서 발견되었어요.

테스켈로사우루스의 입 앞쪽의 작은 이빨들은 고기를 뜯기에도 적합한 모양이에요.

테스켈로사우루스는 뒷다리로만 서서 이동했어요.

알고 있나요? 윌로란 별명이 붙여진 테스켈로사우루스의 골격 표본에서는 동물들의 내장에서 발견되는 세포와 같은 구조를 가진 물질이 나왔어요. 이 물질은 테스켈로사우루스가 먹었던 식물로부터 남은 것일 수도 있고, 윌로의 내장의 흔적일 수도 있어요.

제4장 두꺼운 머리뼈를 가진 파키케팔로사우루스류와 뿔을 가진 케라톱스류 공룡

이인룡(인롱)

이인룡은 뿔을 가진 공룡들 가운데 초기에 등장했던 공룡이에요. 이인룡은 머리에 뿔이 나지는 않았지만 뿔공룡에서 볼 수 있는 특징을 지니고 있었어요. 뿔을 가진 공룡들은 다양한 모습으로 나타났어요. 가장 유명한 뿔공룡은 백악기 후기에 등장한 트리케라톱스(84~85쪽 참고)이지요.

뿔공룡의 특징

초식공룡인 이인룡은 뿔공룡의 머리에 솟아 있는 뿔이나 프릴* 모양의 구조를 전혀 갖고 있지 않아요. 하지만 앵무새의 부리처럼 생긴 입 모양과 뼈의 형태는 초기에 등장한 뿔공룡의 특징을 가지고 있다고 볼 수 있어요. 이인룡은 몸집이 작고 두 다리로 빠르게 달릴 수 있었어요. 시간이 지나면서 뿔공룡들은 점점 몸집이 커졌고 네 발로 이동하였습니다.

앞다리는 뒷다리보다 짧고 얇아요. 뒷다리는 땅딸막하지만 근육이 잘 발달했어요.

두개골은 넓적하고 두꺼워요.

주둥이 끝부분은 앵무새의 부리처럼 생겼어요.

중국에서 발견된 공룡들

중국의 고생물학자 수싱은 공룡의 이름을 가장 많이 지은 학자로 손꼽혀요. 이인룡과 구안룡의 이름과 테리지노사우루스류 공룡인 베이피아오사우루스, 드로마에오사우루스류 공룡인 시노르니토사우루스의 이름을 지었습니다. 새처럼 생긴 공룡 메이의 이름 또한 수싱이 지은 이름이에요.

베이피아오사우루스는 중국 북동쪽에 위치한 도시인 베이피아오 근처에서 발견되었어요.

*프릴 : 공룡 목 주위를 빙 둘러싼 가장자리 장식.

시대	트라이아스기	쥐라기	백악기	포유동물의 시대
		158		
251	206	145	65	

이름 : 이인룡
분류 : 케라톱스과
높이 : 45센티미터
길이 : 1.2미터
무게 : 15킬로그램

공룡프로필

티라노사우루스류 공룡인 구안롱이에요. 구안롱은 사촌뻘인 티라노사우루스(26~27쪽 참고)가 지구에 등장하기 훨씬 전부터 있었어요. 구안롱은 키가 1미터예요.

시노르니토사우루스는 깃털을 지닌 공룡으로는 다섯 번째로 발견되었어요.

알고 있나요? 이인룡이 발견된 곳은 2000년에 상영된 중국 영화 〈와호장룡〉이 촬영된 장소와 같은 지역이었어요. 와호장룡이란 '누워 있는 호랑이와 숨어 있는 용'이라는 뜻이에요. 이인룡의 이름에도 '숨어 있는 용'이라는 뜻이 담겨 있다고 해요.

69

프시타코사우루스

또 하나의 초기 뿔공룡인 프시타코사우루스는 백악기 초기에 살았습니다. 프시타코사우루스는 아시아 동쪽 지역에서 살았어요. 프시타코사우루스라는 이름에는 '앵무새 도마뱀'이라는 뜻이 있어요. 고생물학자들은 프시타코사우루스의 골격 표본들을 수백 점이나 발굴했어요. 학자들은 발굴된 골격 표본들을 특징에 따라 다시 14종으로 분류하기도 했어요.

프시타코사우루스의 양 뺨에 튀어나온 뼈 돌기의 구조는 뿔처럼 뾰족해서 방어용 무기로 사용되었어요.

다양한 몸집의 공룡

프시타코사우루스의 몸집은 크기가 다양해요. 제일 작은 종의 경우, 제일 큰 종의 1/3 정도예요. 외형적인 생김새는 거의 똑같아요. 두개골은 둥근형이라 비교적 큰 뇌가 있었던 것으로 보고 있어요. 두 눈 사이의 간격이 먼 것도 특징이에요. 고생물학자들은 프시타코사우루스의 시각과 후각이 매우 뛰어났을 것으로 생각하고 있어요.

꼬리에 난 뻣뻣하고 억센 털

2002년, 고생물학자들은 가장 완벽하게 보존된 프시타코사우루스의 골격 표본 한 점을 공개했어요. 보존 상태가 뛰어났기 때문에, 미세한 피부가 눌렸던 자국을 그대로 지니고 있었어요. 더 놀라운 것은 꼬리 윗부분에 16센티미터나 되는 뻣뻣하고 억센 털이 그대로 보존된 점이에요. 이 발견 이후, 뻣뻣하고 억센 털을 가진 여러 개체들의 표본이 계속 발견되고 있어요.

프시타코사우루스에게서 뻣뻣하고 억센 꼬리털이 모두 발견되는 것은 아니에요. 꼬리털은 몇몇 종에서만 나타나는 것일 수도 있고 몇몇 표본에서만 발견된 것일 수도 있어요.

이 골격 표본의 꼬리 윗부분을 보면, 뻣뻣하고 억센 털이 위로 솟아나 있는 모습을 상상해 볼 수 있어요.

시대	트라이아스기	쥐라기	백악기	포유동물의 시대
몇백만 년 전	251	206	145 ● 112	65

이름 : 프시타코사우루스
분류 : 프시타코사우루스과
높이 : 60센티미터
길이 : 최대 2미터
무게 : 최대 20킬로그램

공룡프로필

프시타코사우루스의 둥글고 납작한 부리는 씨앗이나 견과류를 깨뜨릴 수 있을 만큼 강했어요.

새처럼 생긴 이 공룡은 시노베나토르예요. 이들은 무리를 지어 사냥을 하지요. 이들은 트로오돈류 공룡에 속하는 육식공룡이에요.

알고 있나요? 아시아 대륙 동쪽 지역의 백악기 초기 지층에서 프시타코사우루스의 골격 표본들이 많이 발견되었어요. 그래서 그 지층을 가리켜 '프시타코사우루스가 많이 살았던 지질연대'라고 부르기도 해요.

주니케라톱스

초기의 뿔공룡이 등장하고 나서 한참 뒤에는 뿔이 좀 더 발달된 뿔공룡인 주니케라톱스가 나타났어요. 주니케라톱스의 머리에는 거대한 프릴이 있고 두 개의 눈 위에는 뿔이 있어요. 코 위에 뿔이 없는 점도 특징이지요. 주니케라톱스의 화석은 미국 뉴멕시코주에서 발견되었어요. 주니케라톱스가 살았던 시기에서 약 1천만 년이 지난 뒤에야 코 위에 뿔을 가진 뿔공룡들이 등장했어요.

두개골에 나타난 특징

주니케라톱스의 기다란 입 끝에는 뼈로 된 돌기가 있어요. 주니케라톱스는 부리처럼 생긴 입을 이용해서 침엽수의 열매, 관목류, 나무둥치로부터 벗겨 낸 나무껍질을 주로 먹었어요. 양 뺨의 튀어나온 부분에 작은 뿔이 나 있었을 것으로 추측하기도 하지요.

띠 모양의 머리 장식

주니케라톱스처럼 프릴을 지니고 있는 여러 뿔공룡들은 두개골 뒷부분에 띠 모양의 특이한 뼈를 가지고 있어요. 파키케팔로사우루스류 공룡 역시 두개골 뒷부분에 띠 모양의 뼈가 있어요. 파키케팔로사우루스류 공룡에는 스테고케라스(74~75쪽 참고)와 스티기몰로크(86~87쪽 참고)가 있어요.

주니케라톱스는 눈 위에 뿔을 가진 뿔공룡들 가운데 한 종류예요.

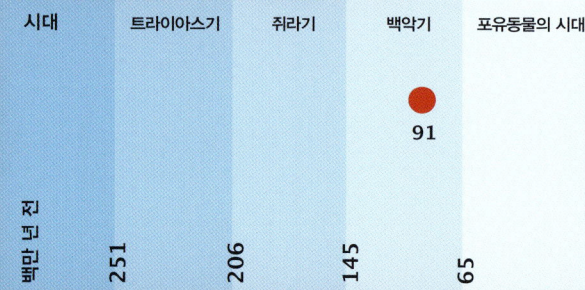

이름 : 주니케라톱스
분류 : 케라톱스과
높이 : 3미터
길이 : 3~3.5미터
무게 : 100~150킬로그램

공룡프로필

주니케라톱스의 이름은 미국 뉴멕시코주에 살았던 인디언 부족의 이름 '주니'에서 따왔어요.

주니케라톱스에 대한 정보는 한 점의 두개골과 몇 점의 부분 골격 화석들로부터 알아낸 것이에요.

주니케라톱스의 눈 위에 난 뿔은 일생 동안 계속 자라요.

주니케라톱스는 네 발로 걸어요. 수각류 공룡의 위협을 막아 내기 위해 무리 지어 함께 모여 살았어요.

주니케라톱스의 프릴에는 구멍이 있었어요. 만일 이 구멍이 막혀 있는 구조였다면, 두개골이 너무 무거워서 목을 제대로 가누기도 어려웠을 거예요.

알고 있나요? 최초의 주니케라톱스 화석은 8살 소년에 의해 발견되었어요!

73

스테고케라스

약 7천 5백만 년 전, 북아메리카 대륙에서 살았던 스테고케라스는 작은 몸집을 가진 두 발로 걷는 초식공룡이었어요. 모든 파키케팔로사우루스류 공룡들처럼, 스테고케라스의 두개골도 윗부분이 매우 두꺼워요. 이 공룡의 이름은 '뿔 지붕'이라는 뜻을 담고 있어요.

돔*처럼 생긴 두개골

스테고케라스의 돔처럼 생긴 두개골은 뇌를 보호해 주었을 거예요. 많은 학자들은 파키케팔로사우루스류 공룡들이 서로 머리를 부딪치는 전투 행동을 하지 않았을 것으로 추측하지만, 다른 경쟁자들과 머리를 부딪쳐 싸움을 했을 가능성도 있다고 해요. 돔처럼 생긴 두개골은 암컷과 수컷을 구별하는 특징이었을 수도 있어요. 이를 통해 자신을 내세우고 뽐냈을 수도 있어요.

커다란 눈과 복잡한 구조의 코 덕분에 스테고케라스는 뛰어난 시력과 후각을 가지고 있었어요.

스테고케라스의 얼굴은 짧아요. 입의 폭도 좁지요.

*돔 : 반구형의 지붕.

시대	트라이아스기	쥐라기	백악기	포유동물의 시대
	251	206	145	65

이름 : 스테고케라스
분류 : 케라톱스과
높이 : 65센티미터
길이 : 2~2.5미터
무게 : 10~40킬로그램

공룡프로필

두개골은 처음에는 평평했지만 자라면서 점점 돔처럼 되었다고 해요.

초기의 오류 사건

스테고케라스 골격 화석은 캐나다의 고생물학자 로렌스 람베에 의하여 공룡공원층(60쪽 참고)에서 최초로 발견되었어요. 파키케팔로사우루스류 공룡들 가운데 초기에 발견된 공룡이었어요. 이 골격 화석 가까이에서 이빨 화석들이 함께 발견되었기 때문에 당연히 이 이빨 화석들도 스테고케라스의 것으로 여겨졌어요. 하지만 나중에 이 이빨들은 '트로오돈(22~23쪽 참고)'이라고 하는 완전히 다른 공룡의 이빨로 밝혀졌어요.

스테고케라스의 뒷다리는 앞다리보다 세 배나 길어요.

학자들은 처음에 스테고케라스의 목선을 뻣뻣한 직선 형태로 생각했으나, 지금은 휘어진 곡선 형태로 생각해요.

알고 있나요? 지금까지 두 종의 스테고케라스 공룡들이 발견되었어요. 한 종은 캐나다 앨버타주에서 발견되었고, 또 다른 종은 미국 남서부의 뉴멕시코주에서 발견되었어요.

스티라코사우루스

스티라코사우루스는 사촌뻘인 트리케라톱스(84~85쪽 참고)와는 달리, 뿔을 서로 부딪쳐서 싸우지 않았어요. 눈 위에 뿔도 나지 않았어요. 그 대신 콧잔등에 커다란 뿔이 있고, 목 프릴 가장자리에 끝이 뾰족한 뼈 돌기들이 화려하게 나 있었어요.

스파이크*를 가진 도마뱀

스티라코사우루스의 이름은 '스파이크를 가진 도마뱀'이라는 뜻이에요. 스파이크의 크기는 암컷에게 잘 보이려고 할 때나 경쟁에서 이기려 할 때 매우 중요했어요. 스티라코사우루스는 적들과 마주치게 되면, 적의 측면을 노리고 공격했을 거예요. 강한 어깨와 3톤이나 되는 어마어마한 몸무게로 적을 향해 돌진할 수 있었지요.

스티라코사우루스의 두꺼운 프릴에는 혈관이 있어서 붉은색을 띠었을 가능성도 있어요. 이 프릴은 같은 종의 암컷에게 짝짓기 준비가 다 되었다는 신호를 보내는 역할을 했을 거예요.

함께 살았던 다른 공룡들

초식을 했던 스티라코사우루스의 화석은 캐나다의 공룡공원층(60쪽 참고)에서 발견되었어요. 스티라코사우루스는 습지나 강가의 평야에서 여러 뿔공룡들과 함께 살았어요. 센트로사우루스와 카스모사우루스도 이곳에서 살았어요. 티라노사우루스과에 속하는 알베르토사우루스와 고르고사우루스와 같은 천적들도 함께 살았어요.

천적인 티라노사우루스가 어린 스티라코사우루스를 노리고 사냥하기 위해 다가서고 있어요.

시대	트라이아스기	쥐라기	백악기	포유동물의 시대
밝은 년 전	251	206	145 · 75	65

이름 : 스티라코사우루스
분류 : 케라톱스과
높이 : 1.8미터
길이 : 5.5미터
무게 : 3톤

공룡프로필

*스파이크 : 끝이 뾰족한 것이나 모양.

스티라코사우루스는 눈 주위에 뿔이 없지만, 코에는 커다랗고 긴 뿔이 쭉 뻗어 있어요.

목에 나 있는 프릴에는 적어도 네 쌍의 기다란 뼈 돌기들이 있어요. 프릴의 아랫부분에는 작은 크기의 뼈 돌기들이 있어요.

창문처럼 커다란 구멍이 있어서 목 주위 프릴의 무게를 줄여 주었어요.

코뿔소를 닮은 스티라코사우루스의 짧고 뭉툭한 다리는 큰 덩치를 잘 지탱해 주고 있어요.

알고 있나요? 스티라코사우루스의 코 위에 난 뿔의 길이를 정확히 아는 사람은 없지만, 최대 60센티미터로 추측하고 있어요.

아켈로우사우루스

아켈로우사우루스는 백악기 후기에 북아메리카 대륙에서 살았던 뿔공룡이에요.
아켈로우사우루스는 공룡들 가운데 중간 정도 크기의 몸집을 가졌어요.
양 뺨에는 스파이크가 튀어나와 있고 목 프릴에도 스파이크 한 쌍이 길게 솟아나 있어요.

파도 모양의 가장자리 프릴

아켈로우사우루스는 센트로사우루스류라는 뿔공룡 종류에 속해요. 센트로사우루스라는 이름에는 '끝이 뾰족한 도마뱀'이라는 뜻이 있어요. 센트로사우루스의 목 프릴은 가장자리가 작은 뿔 모양으로 빙 둘러져 있는 점이 특징이에요. 이와 같은 특징은 다른 공룡들과 구분되는 가장 큰 특징이지요.

아켈로우사우루스의 눈 윗부분과 입 쪽에는 뼈 구조가 돌기처럼 도드라진 모습이에요. 마치 조각해 놓은 것처럼 보이지요.

	트라이아스기	쥐라기	백악기	포유동물의 시대
밝힌 년 전	251	206	145 · 74.2	65

이름 : 아켈로우사우루스
분류 : 케라톱스과
높이 : 2.7미터
길이 : 6미터
무게 : 3톤

공룡프로필

뿔과 뼈 덩어리

아켈로우사우루스는 에이니오사우루스와 서로 비슷한 특징을 가진 뿔공룡이에요. 이들은 프릴 가장자리에 스파이크가 나 있고, 프릴 가운데에도 한 쌍의 기다란 스파이크가 솟아나 있는 점이 서로 닮았어요. 두 공룡은 모두 눈 윗부분에 뿔이 없는 대신 뼈가 돌기처럼 솟아오른 모습이에요. 에이니오사우루스는 코에 나 있는 뿔이 아래쪽으로 휘어져 있는 점이 특징이지요. 아켈로우사우루스는 코 윗부분에 뿔이 없는 대신 뼈 덩어리의 형태가 남아 있어요.

부리처럼 생긴 입에서부터 목 프릴에 솟은 스파이크까지 길이가 1.6미터예요.

아켈로우사우루스의 두개골 표본이에요. 1985년 미국의 고생물학자 잭 호너가 미국 몬태나주에서 발굴했어요.

앵무새의 부리처럼 생긴 길쭉한 입으로 단단한 식물의 줄기를 잘라 먹었어요.

알고 있나요? 아켈로우사우루스의 이름은 그리스의 강의 신 '아켈로우스'에서 따왔어요. 신화에서는 아켈로우스가 헤라클레스와의 결투에서 패배하고 뿔을 뽑히게 되지요.

프로토케라톱스

1971년, 몽골의 고비사막에서 놀라운 화석이 발견되었어요. 바로 두 마리의 공룡이 결투를 벌이는 모습이 그대로 화석으로 남겨졌기 때문이에요. 한 마리는 초식공룡으로 초기 뿔공룡인 프로토케라톱스였고, 다른 한 마리는 드로마에오사우루스류 공룡인 벨로키랍토르였어요.

고비사막은 어떤 환경이었을까요?

프로토케라톱스의 화석은 고비사막의 붉은 사암에서 발견되었어요. 이때 공룡알이 있던 둥지와 알, 새끼 공룡들의 화석도 함께 발견되었지요. 고비사막은 이때에는 지금처럼 건조한 기후가 아니었고, 계절에 따라 종종 홍수가 발생하는 지역이었어요.

학자들은 프로토케라톱스와 벨로키랍토르가 결투를 벌이는 가운데 모래에 파묻혀 화석이 되었을 것으로 추측하고 있어요. 이들이 서로 뒤엉켜 싸울 때 갑자기 모래바람이 불어닥쳤을 것으로 보고 있지요.

프로토케라톱스는 알을 낳기 위해 삽처럼 생긴 발톱으로 둥지를 팠어요. 알은 한 번에 15개를 낳을 수 있었어요.

모든 드로마에오사우루스류 공룡들처럼, 벨로키랍토르의 두 번째 뒷발가락에는 치명적인 상처를 입힐 수 있는 커다란 발톱이 있어요. 이 발톱에 베이면 피를 흘리다가 죽음에 이르게 되지요.

시대	트라이아스기	쥐라기	백악기	포유동물의 시대
붉은 년 전	251	206	145	73 / 65

이름 : 프로토케라톱스
분류 : 케라톱스과
높이 : 60센티미터
길이 : 1.8미터
무게 : 180킬로그램

공룡프로필

1997년에는 알에서 나온 지 얼마 되지 않은 새끼 프로토케라톱스 안드류시의 골격 화석이 발견되었어요.

사막에서 발견된 공룡화석들

최초의 프로토케라톱스 골격 화석은 1920년대에 발견되었어요. 미국의 고생물학자인 로이 채프먼 앤드루스에 의해서 발견되어 '안드류시'라고 이름 붙였지요. 2001년에는 두 번째 프로토케라톱스 화석이 발견되었어요. 두 번째 화석은 프로토케라톱스 안드류시와는 달리 두 개의 뿔이 코 위에 있었고, 입 앞부분에는 이빨이 없었어요.

프로토케라톱스의 목 프릴은 매우 커요. 암컷에게 잘 보이기 위해서 발달된 것으로 추측하기도 해요. 또 경쟁자들에게 자신을 과시하기 위해 필요했던 것으로 보여요.

벨로키랍토르는 프로토케라톱스와 거의 비슷한 크기의 몸집을 가졌어요.

프로토케라톱스의 단단하고 뿔처럼 생긴 부리는 벨로키랍토르에게 치명적인 상처를 줄 만큼 강력하지는 않았어요.

알고 있나요? 수각류 공룡인 오비랍토르의 이름에 담긴 뜻은 '알 도둑'이에요. 오비랍토르가 처음 발견되었을 때 프로토케라톱스의 알둥지와 함께 발견되었기 때문이에요. 하지만 그 알둥지는 프로토케라톱스의 알둥지가 아니었다는 게 밝혀졌어요.

파키케팔로사우루스

파키케팔로사우루스는 백악기 후기에 북아메리카 대륙에서 살았어요. 이 공룡은 머리가 돔처럼 둥글게 솟아오른 모습이에요. 그 때문에 고생물학자들은 염소들처럼 머리로 박치기를 했을 것이라고 생각하고 있어요. 하지만 일부 학자들은 머리와 머리를 부딪치는 결투는 하지 않았을 것으로 추측하기도 해요.

파키케팔로사우루스는 두 개의 뒷다리로 이동해요. 하지만 먹이를 찾아 돌아다닐 때에는 네 개의 다리를 모두 사용했어요.

뇌를 보호하는 헬멧

파키케팔로사우루스의 머리 윗부분은 튼튼하고 견고해요. 이는 최대 속력으로 머리끼리 박치기를 했을 경우 뇌가 다치지 않도록 보호하기 위해서라고 해요. 두개골은 두께가 25센티미터나 되었어요.

파키케팔로사우루스의 이빨은 작고 날카로웠어요. 초식공룡이었던 파키케팔로사우루스는 이빨을 이용해서 과일이나 씨앗, 어린잎들을 먹을 수 있었어요.

시대	트라이아스기	쥐라기	백악기	포유동물의 시대
붉은 년 전	251	206	145	68 / 65

이름 : 파키케팔로사우루스
분류 : 파키케팔로사우루스과
높이 : 1.8미터
길이 : 4.5미터
무게 : 450킬로그램

공룡프로필

알고 있나요? 파키케팔로사우루스는 파키케팔로사우루스류 공룡들 가운데 가장 몸집이 큰 공룡이에요.

트리케라톱스

트리케라톱스는 뿔공룡 가운데 몸집이 큰 공룡으로, 백악기가 거의 끝나갈 무렵 북아메리카 대륙에서 살았어요. 이 공룡은 뿔이 세 개라는 것이 특징이에요. 눈 위로 한 쌍의 기다란 뿔이 나 있고, 코 위로 작은 뿔이 하나 더 있어요.

화려한 머리 장식

트리케라톱스의 두개골은 엄청나게 커요. 뿔과 목 주위를 둘러싼 프릴은 모두 자신을 과시하기 위한 것이에요. 이러한 모습은 짝짓기를 할 때 암컷에게 잘 보이도록 뽐내기 위한 것이었어요. 또 경쟁자들과 전투를 할 때나 다른 무리의 공룡들로부터 자신이 속한 무리를 쉽게 구별하기 위해서도 필요했을 거예요. 트리케라톱스의 뿔은 천적인 티라노사우루스의 공격을 막아 낼 때에도 필요했어요.

트리케라톱스의 목 프릴은 체온을 유지하는 데에도 도움을 주었어요. 또 자신을 뽐내기 위해서도 필요했지요.

트리케라톱스의 두개골의 길이는 약 2미터예요. 머리가 몸 전체에서 약 1/4을 차지하지요.

시대	트라이아스기	쥐라기	백악기	포유동물의 시대
	251	206	145	67 · 65

백만 년 전

이름 : 트리케라톱스
분류 : 케라톱스과
높이 : 3미터
길이 : 8.5미터
무게 : 6~12톤

공룡프로필

트리케라톱스는 이빨이 800개나 돼요. 주로 소철류와 야자나무를 먹기 때문에 이빨들이 잘 닳아 없어졌지요. 하지만 계속해서 새로 이빨이 자라났어요.

선사시대의 아프리카코끼리

트리케라톱스 골격 화석이 발견된 뒤 100년 동안이나 트리케라톱스는 각자 독립된 생활을 하는 공룡으로 여겨졌어요. 그러나 2009년에 고생물학자들이 3개의 어린 트리케라톱스 골격 화석을 발견하게 되면서 트리케라톱스도 오늘날의 아프리카코끼리처럼 '사회집단'을 이루어 생활했다고 추측하게 되었어요. 초식동물인 아프리카코끼리처럼 트리케라톱스도 초식동물이었어요. 이들은 육중한 몸집으로 거대한 관목들을 넘어뜨리곤 했을 거예요.

눈 위에 나 있는 뿔의 길이는 약 1미터예요.

트리케라톱스는 눈 위에 있는 뿔들로 경쟁 관계에 있는 다른 수컷들의 기를 꺾어 놓았어요.

부리처럼 생긴 입은 단단한 식물의 줄기도 부러뜨릴 수 있었어요.

알고 있나요? 트리케라톱스의 골격 화석 일부분에는 티라노사우루스의 이빨 자국들이 남아 있어요.

스티기몰로크

스티기몰로크는 1983년에 처음으로 알려졌어요. 스티기몰로크 화석은 미국 몬태나주 헬크릭층에서 발굴되었지요. 스티기몰로크가 세상에 알려지면서 고생물학자들은 이 초식공룡을 파키케팔로사우루스류 공룡들 가운데 새로운 종으로 볼 것인지 아니면 파키케팔로사우루스(82~83쪽 참고)의 어렸을 때 모습으로 볼 것인지 고민했어요. 지금도 논란이 계속되고 있어요.

특이하게 생긴 동물

스티기몰로크도 파키케팔로사우루스처럼 돔 형태의 두개골을 지니고 있어요. 또 두개골 주위에는 뼈로 된 뿔들이 나 있지요. 입 주위에 작은 뿔 형태의 뼈 돌기들이 나 있는 점도 특징이에요. 스티기몰로크란 '스틱스 강에서 온 몰렉'이란 뜻이에요. 뿔이 난 괴이한 생김새 때문에 붙은 이름이지요. 스틱스 강은 그리스 신화에 나오는 저승에 있는 강이며, 몰렉은 고대 중동 지역의 신들 가운데 하나로 소의 머리를 지닌 모습이었어요.

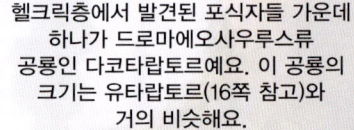

헬크릭층에서 발견된 포식자들 가운데 하나가 드로마에오사우루스류 공룡인 다코타랍토르예요. 이 공룡의 크기는 유타랍토르(16쪽 참고)와 거의 비슷해요.

스티기몰로크 두개골의 길이는 약 46센티미터예요.

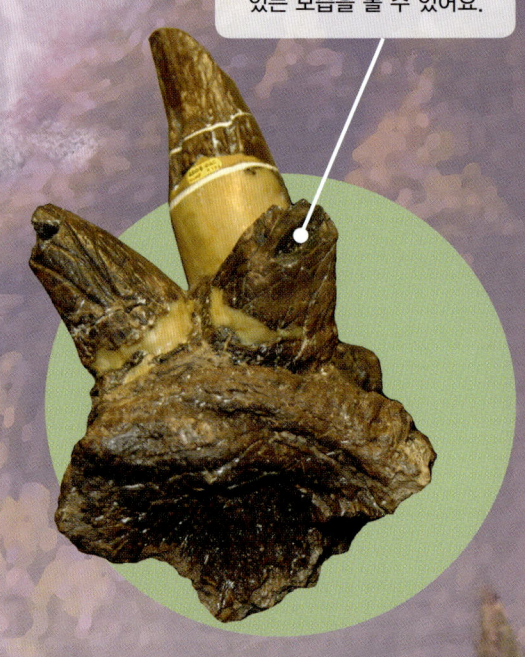

스티기몰로크 두개골의 일부분이에요. 뿔이 솟아나 있는 모습을 볼 수 있어요.

뿔과 성장 단계

미국의 공룡전문가인 잭 호너는 스티기몰로크가 파키케팔로사우루스의 어렸을때 모습이라고 제일 먼저 주장한 학자예요. 그는 드라코렉스도 다른 종류의 뿔공룡이 아니라, 파키케팔로사우루스의 아주 어렸을 때의 모습이라고도 생각했어요. 파키케팔로사우루스는 드라코렉스나 스티기몰로크보다 뿔의 수가 적어요. 만일 그의 주장이 사실이라면, 파키케팔로사우루스는 나이가 들면서 점점 뿔의 숫자가 적어진다는 이야기가 되지요. 하지만 돔 형태의 두개골은 점점 커진다는 뜻이 되기도 해요.

시대	트라이아스기	쥐라기	백악기	포유동물의 시대
백만 년 전	251	206	145	65

66

이름: 스티기몰로크
분류: 파키케팔로사우루스과
높이: 1.2미터
길이: 2~3미터
무게: 80~100킬로그램

공룡프로필

스티기몰로크의 머리 뒷부분에는 여러 개의 스파이크들이 모여 있어요. 그 가운데 한 쌍은 길어서 약 15센티미터 정도 되지요. 그 주위에도 작은 스파이크들이 나 있어요.

스티기몰로크는 양 뺨에도 스파이크들이 나 있어요. 이는 천적으로부터 자신을 보호하기 위한 것으로 보여져요.

알고 있나요? 드라코렉스는 드라코렉스 호그와르트시아(*Dracorex hogwartsia*) 한 종만이 알려졌어요. 이름에는 '호그와트 용의 왕'이란 뜻이 있지요. 호그와트는 소설 〈해리포터〉에 등장하는 마술학교 이름에서 따왔어요.

제5장 골판과 골침을 지닌 스테고사우루스류와 안킬로사우루스류

스쿠텔로사우루스

스쿠텔로사우루스는 쥐라기 초기에 등장한 공룡이에요. 스쿠텔로사우루스는 안킬로사우루스(106~107쪽 참고)와 스테고사우루스(94~95쪽 참고)처럼 방패 형태를 지닌 공룡들의 조상이에요. 스쿠텔로사우루스라는 이름에는 '작은 방패를 지닌 도마뱀'이라는 뜻이 담겨 있어요.

스쿠텔로사우루스보다 빠른 코엘로피시스가 사냥에서 이긴 모습이에요.

작지만 재빠르게 움직이는 공룡

스쿠텔로사우루스는 초식공룡이에요. 북아메리카 대륙의 남쪽 지역인 애리조나주에서 스쿠텔로사우루스의 화석이 발견되었어요. 스쿠텔로사우루스는 앞다리보다 뒷다리가 길기 때문에 뒷다리로 이동했지만 몸집이 작고 가벼워 재빨랐어요. 두개골은 작아서 뇌의 크기도 작았어요.

방패 같은 등

스쿠텔로사우루스는 '티레오포란'이라 불리는 공룡에 속해요. 이 공룡은 적의 공격에서 살아남기 위해 피부를 방패처럼 단단하게 진화시켰어요. 스쿠텔로사우루스나 스켈리도사우루스(90~91쪽 참고)처럼 초기의 티레오포란에 속하는 공룡들의 피부에는 뼈 돌기들이 나 있었고, 이를 골판이라고 했어요. 백악기 후기에 이르면 골판과 골침이 더욱 정교하게 발달된 안킬로사우루스류와 스테고사우루스류 같은 공룡들이 등장하게 되지요.

스쿠텔로사우루스는 네 발로 이동하면서 작은 식물들을 주로 먹었어요.

스쿠텔로사우루스의 등에는 골판이라고 불리는 뼈로 된 돌기들이 마치 장식용 단추를 붙여 놓은 것처럼 솟아나 있어요.

88

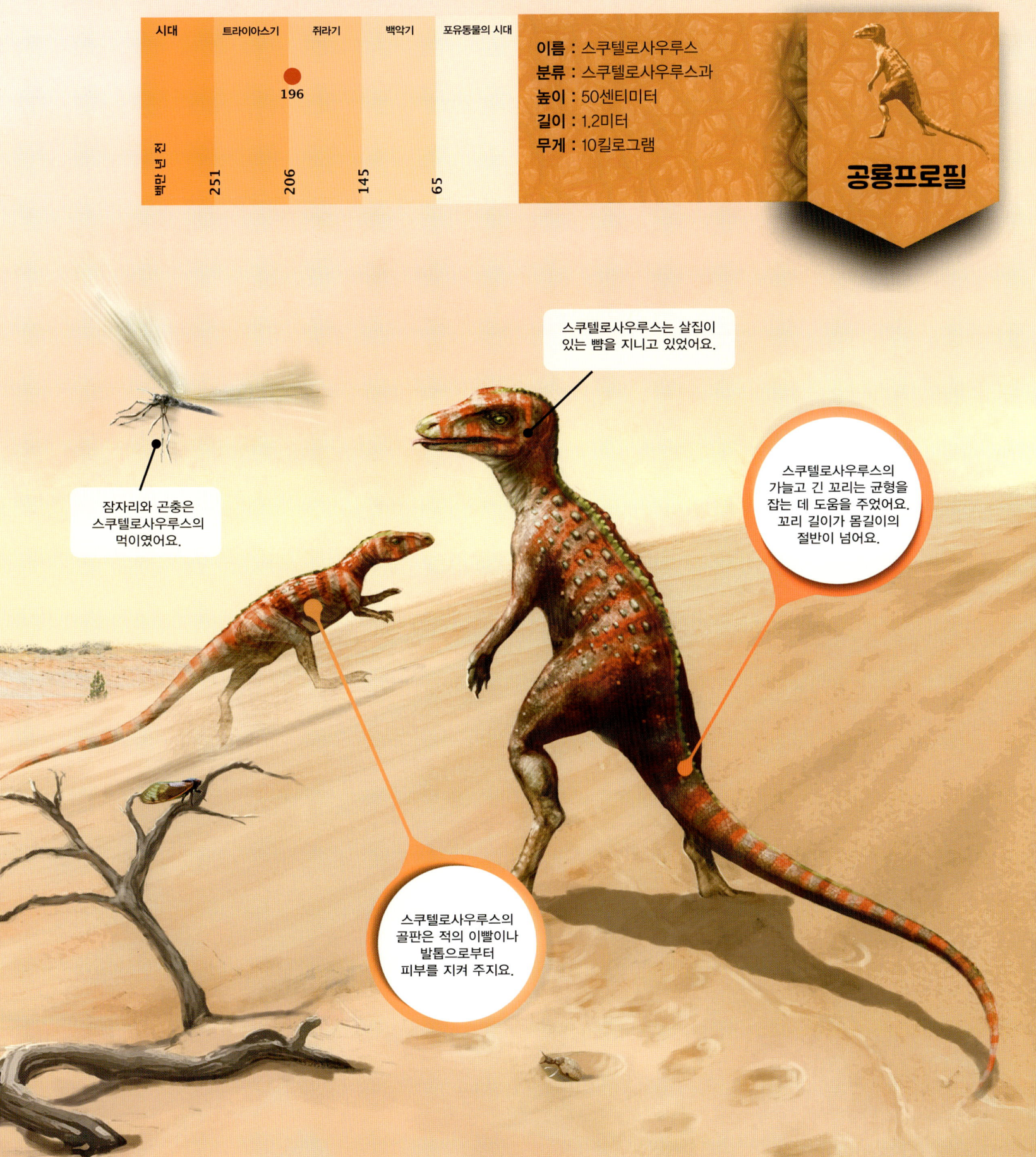

스켈리도사우루스

스켈리도사우루스 화석은 영국의 남서쪽 도싯주에서 발견되었어요. 스켈리도사우루스는 네 발로 걸었고, 등에는 커다란 등딱지가 있었어요. 등딱지는 이후에 등장하는 다른 공룡들에게서도 나타나지요.

이빨과 턱

스켈리도사우루스의 머리는 20센티미터밖에 되지 않아요. 작은 머리와 부리처럼 생긴 입이 특징이에요. 이 공룡 화석을 처음 발견했을 때 학자들은 기다랗게 생긴 이빨 때문에 이 공룡이 물고기를 잡아먹었을 것으로 추측했어요. 하지만 스켈리도사우루스는 식물을 먹었던 공룡으로 밝혀졌어요. 또 위아래로 움직일 뿐 좌우로는 움직이지 않는 턱의 구조로 보아, 식물을 갈아 먹지 못하고 잘라 먹어야 했을 거예요.

다리와 발가락

리처드 오언은 '공룡'이라는 단어를 처음으로 만들었어요. 스켈리도사우루스라는 이름도 오언이 지은 이름이에요. 스켈리도사우루스는 '다리 도마뱀'이라는 뜻이에요. 스켈리도사우루스의 네 개의 발가락에는 뭉툭한 발톱들이 나 있어요.

중생대에 살았던 하늘을 날던 파충류는 익룡(118~127쪽 참고)이라고 부르지요.

새의 부리를 닮은 입으로 고사리류와 침엽수를 잘라서 먹었어요.

골판 형태의 등딱지는 등과 꼬리를 보호해 주지요.

스켈리도사우루스는 먹이를 잘게 부술 수 있는 커다란 위를 가지고 있어요.

투오지안고사우루스

투오지안고사우루스는 쥐라기 후기에 살았어요. 이 공룡의 화석은 중국에서 발견되었요. 투오지안고사우루스의 등 위로는 골판들이 줄을 맞춘 듯이 나 있어요. 치명적인 무기가 될 수 있는 날카로운 꼬리 골침은 스테고사우루스류 공룡의 대표적인 특징이에요. 투오지안고사우루스는 아시아의 스테고사우루스(94~95쪽 참고)라는 별명도 지니고 있어요.

쓰촨성 스테고사우루스류 공룡들

투오지안고사우루스라는 이름은 '투오강 도마뱀'이라는 뜻이에요. 이 공룡의 화석이 발견된 중국 남서쪽 쓰촨성에 있는 강의 이름을 따서 지은 이름이지요. 투오지안고사우루스는 스테고사우루스류 공룡들과 함께 살았어요. 투오지안고사우루스가 발견된 곳에서 충킹고사우루스와 키알링고사우루스도 발견되었지요. 하지만 일부 학자들은 이들의 몸길이가 4미터밖에 되지 않았기에 이들을 아직 성장하지 않은 어린 투오지안고사우루스라고 주장해요.

투오지안고사우루스의 등에는 켄트로사우루스(96~97쪽 참고)처럼 골판들이 두 줄로 나 있어요.

투오지안고사우루스의 꼬리는 땅에 닿지 않았어요. 천적을 만나면 꼬리 끝에 달린 날카로운 꼬리 골침을 휘둘렀지요.

시대	트라이아스기	쥐라기	백악기	포유동물의 시대
	251	206	145	65

쥐라기: 160 (백만 년 전)

이름: 투오지안고사우루스
분류: 스쿠텔로사우루스과
높이: 2미터
길이: 6.5~7미터
무게: 2.8톤

공룡프로필

식생활 습관

투오지안고사우루스는 키가 작은 식물들을 주로 뜯어 먹었어요. 앞다리가 짧아서 머리가 땅에 닿을 수 있어서 키가 작은 식물들을 뜯어 먹을 수 있었어요. 스물다섯 개 정도의 이빨이 나 있어서 식물들을 잘라 먹을 수 있었어요.

골판의 크기와 형태는 위치에 따라 다르게 생겼어요. 엉덩이에 난 골판의 크기가 가장 크고, 머리 쪽으로 갈수록 점차 크기가 작아요.

입은 길고 새 부리처럼 생겼어요.

투오지안고사우루스는 키가 작은 고사리류나 소철류 식물을 주로 먹었어요.

처음에 스테고사우루스류의 모습은 다리가 몸통 옆에 연결된 형태로 그려졌어요. 하지만 정확한 모습은 다리가 몸통의 아래쪽에 연결된 상태여야 해요.

알고 있나요? 투오지안고사우루스라는 이름은 1977년에 지어졌어요. 이 공룡의 골격 화석은 댐을 건설하던 노동자들에 의해 발견되었지요.

스테고사우루스

중생대 쥐라기 중기에는 스테고사우루스가 북아메리카 대륙에서부터 유럽에 이르기까지 널리 퍼져 살았어요. 스테고사우루스는 초식공룡이에요. 머리는 작고, 등에는 다이아몬드 모양의 골판들이 줄지어 나 있어요. 꼬리에는 적으로부터 자신을 지키기 위해 가시처럼 뾰족한 골침이 나 있어요.

치명적인 무기

스테고사우루스류 공룡들의 꼬리 끝에는 두 쌍의 골침이 있어요. 이 골침은 스테고사우루스가 천적으로부터 자신을 보호할 수 있는 무기예요. 스테고사우루스는 꼬리 골침을 흔들면서 재빠르게 자신을 공격하는 천적에게 치명적인 상처를 입히지요.

신비로운 골판의 비밀

스테고사우루스를 처음으로 복원했을 때의 모습은 지금과는 매우 달랐어요. 등에 난 골판이 납작하게 누워 있을 거라 생각했기 때문에 이 공룡의 이름도 '지붕이 있는 도마뱀'이라고 지었지요. 하지만 스테고사우루스는 똑바로 세워진 골판을 가진 공룡이었어요. 골판이 바로 서 있으면 뉘어져 있는 모양보다 몸집을 커 보이게 하지요. 이렇게 골판은 자신의 모습을 과시하기 위해 사용됐지만 체온을 조절하는 데에도 도움이 되었다고 해요.

스테고사우루스의 입은 새의 부리처럼 좁고 길지요.

등에 난 골판들은 쌍을 이루지 않고 서로 비껴 나 있는 모양이에요.

스테고사우루스의 골판은 같은 무리 안에서 자신을 과시할 때 사용됐어요.

시대	트라이아스기	쥐라기	백악기	포유동물의 시대
	251	206 ● 153	145	65

공룡프로필

이름 : 스테고사우루스
분류 : 스테고사우루스과
높이 : 2.7미터
길이 : 최대 9미터
무게 : 5.3~7톤

스테고사우루스의 작은 두개골에는 핫도그 모양처럼 생긴 뇌가 들어 있어요.

오르니톨레스테스는 스테고사우루스가 살던 같은 시기에 북아메리카 대륙에서 살았어요.

스테고사우루스는 앞다리가 짧아서 빠르게 이동할 수 없어요. 최대 속력이 시속 7킬로미터 정도이지요.

오르니톨레스테스는 몸무게가 12.6킬로그램 정도인 수각류 공룡이에요. 이들은 떼를 지어 다니며 사냥하지요.

알고 있나요? 스테고사우루스의 골판 가운데 가장 긴 것은 60센티미터나 돼요.

켄트로사우루스

약 1억 5천 2백만 년 전 아프리카 대륙의 탄자니아에는 비교적 몸집이 작은 켄트로사우루스가 살았어요. 켄트로사우루스의 서식지는 늪 근처나 숲속의 습한 곳이었어요. 이곳에는 거대한 몸집의 초식공룡인 지라파티탄(35쪽 참고)도 살고 있었어요.

풍성한 식물들

쥐라기 중기의 아프리카 동부 지역에는 먹을 것이 풍부했어요. 켄트로사우루스가 지라파티탄과 먹이 경쟁을 할 필요가 없었지요. 습한 열대 기후였기 때문에 식물들이 잘 자라 숲이 우거진 환경이었어요. 켄트로사우루스는 땅에 가깝게 머리를 낮출 수 있어서 부리처럼 생긴 입으로 식물들을 뜯어 먹었어요.

스테고사우루스처럼 골판들이 체온을 조절하는 데에 도움을 주었어요.

켄트로사우루스의 입은 좁고 뾰족해요.

켄트로사우루스가 살았던 곳은 건기와 우기가 모두 있는 열대 기후였어요.

알고 있나요? 켄트로사우루스는 '스파이크를 가진 도마뱀'이라는 뜻이에요.

시대	트라이아스기	쥐라기	백악기	포유동물의 시대
	251	206	152 · 145	65

백만 년 전

이름 : 켄트로사우루스
분류 : 스테고사우루스과
높이 : 1.8미터
길이 : 4.5미터
무게 : 1.1톤

공룡프로필

켄트로사우루스는 꼬리를 180도 정도까지 좌우로 흔들면서 천적을 공격할 수 있어요.

텐다구루층에서 발견된 켄트로사우루스

켄트로사우루스의 골격 화석은 텐다구루층에서 발견되었어요. 하지만 완벽한 골격 화석이 발견된 적이 없었기 때문에 고생물학자들이 여러 뼈들을 맞추어 분석했어요. 지금까지 수천 점의 켄트로사우루스 화석들이 텐다구루 암석에서 발견되었어요.

켄트로사우루스의 꼬리 길이는 몸 전체 길이의 반 이상을 차지해요.

민미

민미는 약 1억 1천 5백만 년 전에 살았어요. 민미의 골격 화석은 1964년 오스트레일리아의 퀸즈랜드에서 최초로 발견되었어요. 발견된 지역이 교차로인 '민미 크로싱'이어서 공룡의 이름을 '민미'라고 짓게 되었지요.

빠르게 이동하고 방패로 막아요.

안킬로사우루스류 공룡들은 느리게 이동해요. 민미는 안킬로사우루스류에 속하지만 매우 빨랐을 것으로 추측돼요. 척추 옆쪽으로 뼈가 또 있고 이를 지탱해 주는 근육도 있었기 때문이에요. 덕분에 민미는 천적들로부터 빠르게 도망칠 수 있었어요. 자신보다 빨리 달리는 천적이 나타나면 등 위의 골판으로 자신을 공격하는 천적들을 막아 냈어요.

완벽한 보호 장비

안킬로사우루스류 공룡들의 배는 부드러운 피부여서 천적이 공격해 오면 위험했어요. 다행히 다리가 짧고 뭉툭해서 땅바닥으로 최대한 몸을 낮춰 천적들로부터 배를 보호할 수 있었지요. 하지만 민미는 다리가 길었고 배에도 골판이 있었어요.

민미는 다른 안킬로사우루스류 공룡들에 비해 다리가 길어요.

이름 : 민미
분류 : 안킬로사우루스과
높이 : 1.5~2미터
길이 : 3미터
무게 : 300킬로그램

공룡프로필

사우로펠타

사우로펠타는 백악기 초기에 살았던 안킬로사우루스류 공룡에 속해요. 초식공룡인 사우로펠타의 골격 화석은 북아메리카 대륙에서 발견되었어요. 사우로펠타는 몸집이 큰 공룡이에요. 어깨 부위에서 튀어나온 기다란 뼈 돌기와 몸 옆에 줄을 맞춰 나 있는 짧은 스파이크는 적으로부터 자신을 보호하는 무기로 사용되었어요.

방패 같은 피부

사우로펠타는 '방패가 있는 도마뱀'이라는 뜻이에요. 사우로펠타는 뼈 돌기들과 스파이크들로 천적들의 공격을 막아 냈어요. 아크로칸토사우루스, 알로사우루스(10~11쪽 참고), 데이노니쿠스(16~17쪽 참고)처럼 날카로운 이빨을 가진 무시무시한 육식공룡도 사우로펠타를 물어뜯기는 거의 불가능했어요.

탱크처럼 단단한 노도사우루스류 공룡들

사우로펠타는 노도사우루스류 공룡에 속해요. 탱크처럼 단단해 보이는 노도사우루스류 공룡들은 꼬리에 골침을 가지고 있는 안킬로사우루스류 공룡들과는 구별되지요. 눈 바로 윗부분에 뼈 덩어리가 튀어나와 있고, 두개골 아랫부분에도 또 다른 뼈 덩어리가 있어요. 턱 아래에도 뾰족한 스파이크들이 나 있지요. 에드몬토니아(102~103쪽 참고)도 노도사우루스류 공룡이에요.

사우로펠타의 몸집은 90센티미터에 달하는 기다란 골침 덕분에 훨씬 크게 보이지요.

화석으로 발견된 사우로펠타의 피부예요. 피부에 딱딱한 뼈 돌기들이 나 있었다는 것을 알 수 있어요.

두개골은 납작하고, 판처럼 생긴 여러 겹의 뼈로 이루어져 있어요.

시대	트라이아스기	쥐라기	백악기	포유동물의 시대
	251	206	145 ● 108	65

이름 : 사우로펠타
분류 : 노도사우루스과
높이 : 2.4미터
길이 : 5.2미터
무게 : 1.5톤

공룡프로필

기다란 꼬리에는 40여 개의 꼬리뼈가 있어요. 꼬리는 몸 전체 길이의 반 정도를 차지하지요.

사우로펠타의 등은 돌기로 덮여 있는 피부예요.

알고 있나요? 캐나다 앨버타주에서 공룡의 발자국 화석 수백 개가 발견되었어요. 이 발자국은 사우로펠타 무리의 것이지요.

에드몬토니아

에드몬토니아는 가장 몸집이 큰 노도사우루스류 공룡 가운데 하나예요. 초식공룡인 에드몬토니아는 백악기 후기에 북아메리카 대륙에서 살았어요. 에드몬토니아의 등에는 피라미드처럼 생긴 스파이크들이 나 있어요. 어깨 부위에도 머리와 목을 보호하기 위한 스파이크들이 앞을 향해 나 있어요. 끝이 갈라진 스파이크는 적을 공격하는 치명적인 무기가 되기도 해요.

어깨에 있는 강력한 무기

에드몬토니아의 어깨에 난 스파이크는 평생 동안 자라요. 이 스파이크는 자신을 공격하는 수각류 공룡들을 막아 내는 보호 장치이기도 해요. 또 같은 무리 안에서 짝짓기를 하거나 영역 다툼을 할 때 사용하기도 했어요. 스파이크의 크기가 크면 싸움에서 훨씬 유리하지요.

캐나다의 공룡공원층은 에드몬토니아 골격 화석이 발견된 곳이에요. 안킬로사우루스류 공룡인 스콜로사우루스(왼쪽)와 노도사우루스류 공룡인 파노플로사우루스(오른쪽)도 같은 서식지에서 함께 살았어요.

시대	트라이아스기	쥐라기	백악기	포유동물의 시대
			72	
251	206	145	65	

몇만 년 전

이름 : 에드몬토니아
분류 : 노도사우루스과
높이 : 1.8미터
길이 : 6~6.6미터
무게 : 3톤

공룡프로필

알고 있나요? 에드몬토니아는 캐나다 서부 앨버타주의 에드먼턴이라는 도시 이름에서 따왔어요.

암석에 담겨 있는 이야기

에드몬토니아의 화석은 북아메리카 대륙 여러 지층에서 발견되었어요. 에드몬토니아가 여러 곳에서 살았기 때문이지요. 에드몬토니아는 1928년 캐나다 앨버타주의 에드먼턴층에서 처음 발견되었어요.

에드몬토니아의 어깨에는 가시처럼 날카로운 뼈로 된 골침이 있어요. 이 골침은 매우 단단하고 속이 꽉 찬 밀도가 높은 뼈예요.

같은 무리 안에서도 어깨를 맞대고 밀쳐 내면서 서로 경쟁하지요.

에드몬토니아의 두개골 길이는 약 50센티미터예요. 두개골은 마치 헬멧을 쓴 것처럼 단단한 골판으로 보호되어 있어요. 이 골판은 뼈들이 서로 연결된 형태이지요.

에우오플로케팔루스

에우오플로케팔루스는 초식공룡이에요. 에우오플로케팔루스의 등에는 스파이크들이 발달되었어요. 꼬리는 곤봉처럼 생겼고 무거웠지요. 이러한 특징들은 적의 공격을 막는 데 도움이 되었어요. 공격에 약한 배 부분은 다리가 짧은 덕분에 땅에 붙여 보호할 수 있었어요.

단독으로 생활하기

에우오플로케팔루스는 백악기 후기에 지금의 캐나다에 살았어요. 에우오플로케팔루스의 골격 화석들은 대부분 한 마리씩 발견되었어요. 그래서 고생물학자들은 이 공룡들이 무리를 지어 생활하지 않고 지금의 하마처럼 혼자 독립적으로 생활했던 것으로 추측하고 있어요.

뿔처럼 생긴 뼈로 된 돌기들이 발달되었어요.

안킬로사우루스류는 보통 뒷발에 네 개의 발가락이 있지만 에우오플로케팔루스는 발가락이 세 개예요.

시대	트라이아스기	쥐라기	백악기	포유동물의 시대
백만년전	251	206	145 ● 76	65

이름 : 에우오플로케팔루스
분류 : 안킬로사우루스과
높이 : 1.8미터
길이 : 5.5미터
무게 : 2.5톤

공룡프로필

안전한 두개골

에우오플로케팔루스의 눈 바로 위에는 눈꺼풀 같은 뼈 구조가 있었어요. 이 눈꺼풀 같은 구조는 햇볕으로부터 눈을 보호해 주었어요. 에우오플로케팔루스의 머리에도 뾰족한 뿔 형태의 뼈 돌기가 있고, 머리 윗부분에는 판처럼 생긴 여러 겹의 뼈가 있어 두개골을 안전하게 보호해 주었어요.

두개골 윗부분을 보호하는 판 모양의 뼈 구조

부리처럼 생긴 입을 제외한 두개골의 길이는 35센티미터예요.

꼬리 끝 쪽의 꼬리뼈들은 하나의 뼈처럼 모두 이어져 있어요. 덕분에 딱딱한 꼬리 곤봉이 만들어졌지요.

에우오플로케팔루스의 등 위에 새끼 한 마리가 올라타 있어요. 수심이 깊은 늪 지역을 무사히 통과하기 위해서 엄마의 등 위에 올라탔어요.

에우오플로케팔루스는 등이 아주 넓었어요. 너비가 약 2.4미터였어요.

알고 있나요? 에우오플로케팔루스의 코 안의 구조는 매우 복잡해요. 그래서 뛰어난 후각을 가졌을 것으로 추측되지요.

안킬로사우루스

안킬로사우루스는 '융합 도마뱀'이란 뜻이에요. 안킬로사우루스는 안킬로사우루스류 공룡들 가운데 가장 몸집이 크고, 단단하면서도 거대한 꼬리 곤봉을 지녔어요. 적으로부터 자신을 완벽하게 보호할 수 있는 공룡 가운데 하나이지요.

위협적인 꼬리 곤봉

초식공룡인 안킬로사우루스는 백악기 후기에 북아메리카 대륙에서 살았어요. 위협적인 포식자 티라노사우루스 렉스(26~27쪽 참고)도 같은 곳에서 살았지요. 안킬로사우루스가 자신의 꼬리 곤봉을 흔들어 공격을 하면, 천하의 사냥꾼 티라노사우루스 렉스의 다리도 부러뜨릴 수 있었어요.

거대한 머리

안킬로사우루스의 두개골에는 여러 개의 공기가 지나가는 길이 있었어요. 그래서 얼굴 양쪽을 불룩하게 만들 수 있었지요. 이런 구조가 왜 필요했는지는 아직 밝히지 못했어요. 냄새를 맡는 데 도움을 주었거나, 소리를 크게 낼 수 있는 역할을 했다고 여겨지지요.

두개골에 있는 네 개의 스파이크 형태의 뼈 구조들은 안킬로사우루스의 얼굴을 잘 보호해 주어요.

알고 있나요? 안킬로사우루스의 혀는 굉장히 크고 유연해요.

제6장 해양파충류와 익룡

플레시오사우루스

중생대 바다에는 여러 종류의 해양파충류들이 살았어요. 플레시오사우루스는 매우 긴 목을 가진 해양파충류였어요. 중생대 트라이아스기 후기에 등장해 백악기 후기까지 물속을 헤엄치며 살았지요. 플레시오사우루스라는 이름에는 '도마뱀에 가깝다'는 뜻이 담겨 있어요.

물속에서의 삶

플레시오사우루스는 얕은 바다에서 살았어요. 오늘날의 거북류처럼 알을 낳을 때에는 해변으로 올라왔을 거예요. 다리 대신 지느러미발이 있어 땅 위에서 빠르게 이동하지는 못했지요. 플레시오사우루스류 파충류는 트라이아스기에 살았던 노도사우루스류로부터 진화되었어요. 노도사우루스류 파충류는 물속에서 잘 헤엄칠 수 있도록 적응된 물갈퀴와 노처럼 생긴 지느러미발을 가지고 있었지요.

> 카이웨케아는 지구에 존재했던 마지막 플레시오사우루스류 가운데 하나예요. 오징어를 잡는 기술이 매우 뛰어났으며, 몸길이는 최대 7미터까지 자랐어요.

짧은 목을 가진 친척들

모든 플레시오사우루스류 파충류들이 목이 길었던 것은 아니예요. 플리오사우루스(112쪽 참고)와 크로노사우루스(112~113쪽 참고)와 메이에라사우루스는 목이 짧고 그에 비해 머리가 컸어요. 또 대부분의 플레시오사우루스류들이 앞지느러미발이 뒷지느러미발보다 더 컸던 것에 비해, 플리오사우루스류들은 뒷지느러미발이 약간 더 컸어요. 그러나 플레시오사우루스류와 플리오사우루스류 모두 머리를 좌우로 움직이며 물고기와 오징어를 잡아먹었어요.

> 메이에라사우루스는 쥐라기 초기에 살았으며, 몸길이가 플레시오사우루스와 거의 같았어요.

템노돈토사우루스

어룡류 파충류인 템노돈토사우루스는 거대한 몸집의 해양파충류예요. 템노돈토사우루스의 생김새는 돌고래처럼 앞부분이 둥글고 뒷부분은 뾰족한 유선형이어서 빠르게 이동할 수 있었어요. 어룡류에 속하는 대부분의 파충류들이 몸길이가 3미터에 불과했지만, 템노돈토사우루스는 몸길이가 12미터나 됐어요. 어룡류 파충류 가운데 가장 큰 몸집이었지요. 이들은 중생대 트라이아스기 후기에 처음 등장하여 백악기 후기까지 살았어요.

공기, 땅, 그리고 바다

어룡류 파충류들은 바닷속에서 숨 쉴 수 없기 때문에 일정한 시간마다 물 밖으로 나와야 했어요. 하지만 알을 낳기 위해서 해변으로 올라갈 필요는 없었어요. 오늘날의 몇몇 뱀들처럼 알을 낳지 않고 몸속에서 알을 키운 후 새끼가 됐을 때 몸 밖으로 내보냈기 때문이에요.

작고 날카로운 이빨은 미끄러운 물고기도 덥석 물 수 있게 해 줘요.

쇼니사우루스는 거대한 몸집을 지녔고, 움직임이 느렸어요. 대부분의 어룡류 파충류들과 달리 등쪽에 있어야 할 지느러미가 없었지요.

시대	트라이아스기	쥐라기	백악기	포유동물의 시대
	251	206 ● 182	145	65

이름 : 템노돈토사우루스
분류 : 템노돈토사우루스과
길이 : 9~12미터
무게 : 5톤

공룡프로필

대부분의 어룡류 파충류들처럼 템노돈토사우루스도 빠른 속도로 헤엄치며 이동했어요. 꼬리를 좌우로 움직이며 물속에서 속도를 낼 수 있었지요.

템노돈토사우루스는 큰 눈을 통해 많은 양의 빛을 받아들일 수 있었어요. 그래서 어둠침침한 바닷속에서도 사냥을 잘 했어요.

커다란 눈

템노돈토사우루스는 '자르는 이빨을 지닌 도마뱀'이란 뜻이에요. 길고 좁은 주둥이에 작고 날카로운 이빨들이 나 있지요. 하지만 이 어룡이 유명해진 이유는 커다란 눈 때문이에요. 템노돈토사우루스 가운데 한 종인 템노돈토사우루스 플라티오돈은 눈 길이가 20센티미터에 이르렀어요.

템노돈토사우루스 플라티오돈의 두개골 복제 표본이에요.

알고 있나요? 지금까지 알려진 어룡류 파충류 가운데 가장 큰 종은 샤스타사우루스예요. 몸길이가 무려 21미터나 되었지요.

크로노사우루스

크로노사우루스는 백악기 후기에 살았던 플리오사우루스류 파충류 가운데 하나예요. 크로노사우루스의 몸길이는 약 10미터에 이르렀고 몸집은 매우 컸어요. 입도 매우 커서 거북류나 다른 플레시오사우루스류를 덥석 낚아채 잡아먹을 수 있었지요.

빠른 이동을 위한 생김새

플리오사우루스류들은 짧은 목과 기다란 머리, 근육질의 몸통을 가졌어요. 유선형의 모양을 만들어 주는 짧은 꼬리와 동시에 움직이는 네 개의 지느러미발은 매우 빠르게 헤엄치는 데 유리했지요. 이들은 먹잇감을 잡으면 입 안에 넣은 채 흔들다가 통째로 삼켜 버렸어요.

쥐라기 후기에 살았던 플리오사우루스가 발견되면서 '플리오사우루스류'가 하나의 해양파충류의 종으로 분류됐어요.

크로노사우루스의 이빨들은 날카롭지 않아요. 하지만 먹잇감을 갈고 부수기엔 제격이었지요.

알고 있나요? 크로노사우루스는 그리스 신화에 등장하는 막강한 신의 이름인 '크로노스'에서 따왔어요. 크로노스는 거인 신들의 왕이었고, 뒷날 신들의 왕이 된 제우스가 그의 아들이었어요.

크로노사우루스의 꼬리는 끝이 뾰족해 물속에서 빠르게 헤엄쳐 나갈 수 있도록 도움을 주었어요.

발견의 역사

1899년 오스트레일리아에서 크로노사우루스의 이빨 화석이 처음 발견되었어요. 하지만 1920년대까지 그 정체가 밝혀지지 않았지요. 그 후로도 오랫동안 플리오사우루스류 파충류는 오스트레일리아에서만 발견됐어요. 1994년에 남아메리카 콜롬비아에서도 크로노사우루스 화석이 한 점 발견되었어요. 오늘날 크로노사우루스는 세계 곳곳의 낮은 바다에 살았다고 알려져 있어요.

플리오사우루스류 파충류들은 날개처럼 생긴 네 개의 지느러미발로 물속을 하늘을 날듯 헤엄쳐 다녔어요.

크로노사우루스의 이빨 가운데 가장 긴 것은 길이가 30센티미터였어요. 가장 짧은 이빨도 7센티미터가 넘었지요.

시대	트라이아스기	쥐라기	백악기	포유동물의 시대
백만 년 전	251	206	145 ● 112	65

이름 : 크로노사우루스
분류 : 플리오사우루스과
길이 : 9~10.5미터
무게 : 9~11톤

공룡프로필

113

알베르토넥테스

믿을 수 없을 정도로 목이 긴 플레시오사우루스들을 엘라스모사우루스류라고 해요.
그 가운데에서도 알베르토넥테스는 목이 가장 길고 몸집도 가장 컸어요.
알베르토넥테스는 '앨버타* 수영 선수'라는 뜻이에요.

교활한 수법

알베르토넥테스는 물속에서 빠르게 이동할 수는 없었지만, 사냥 기술이 뛰어났어요.
상자를 열면 튀어 오르는 용수철 인형처럼, 물고기 떼의 아래쪽에서 기다리고
있다가 머리를 갑자기 위로 올려 사냥을 했지요. 깜짝 놀란 물고기들은
제대로 도망가지도 못하고 알베르토넥테스의 먹잇감이 되었어요.

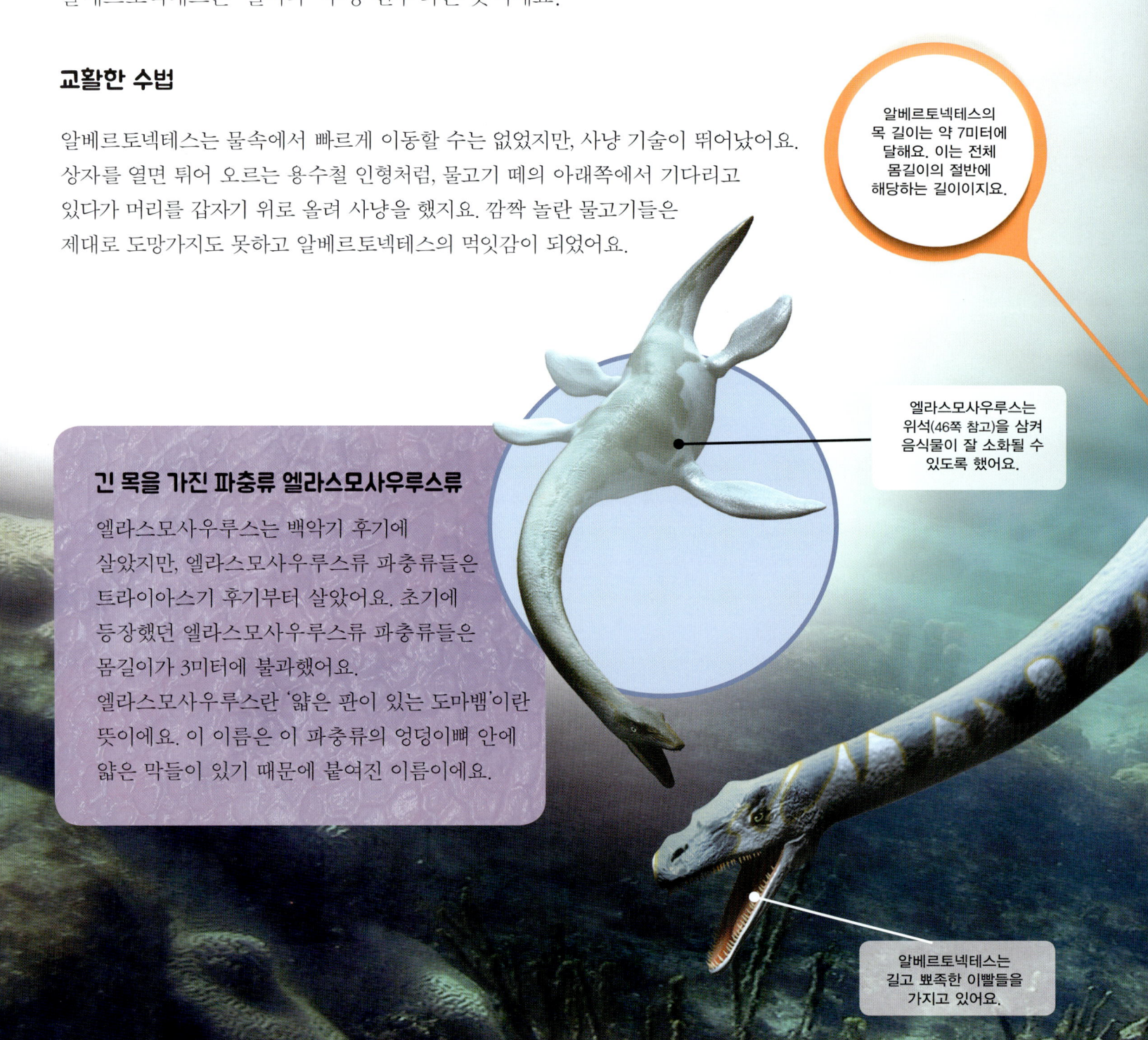

알베르토넥테스의 목 길이는 약 7미터에 달해요. 이는 전체 몸길이의 절반에 해당하는 길이이지요.

엘라스모사우루스는 위석(46쪽 참고)을 삼켜 음식물이 잘 소화될 수 있도록 했어요.

알베르토넥테스는 길고 뾰족한 이빨들을 가지고 있어요.

긴 목을 가진 파충류 엘라스모사우루스류

엘라스모사우루스는 백악기 후기에
살았지만, 엘라스모사우루스류 파충류들은
트라이아스기 후기부터 살았어요. 초기에
등장했던 엘라스모사우루스류 파충류들은
몸길이가 3미터에 불과했어요.
엘라스모사우루스란 '얇은 판이 있는 도마뱀'이란
뜻이에요. 이 이름은 이 파충류의 엉덩이뼈 안에
얇은 막들이 있기 때문에 붙여진 이름이에요.

*앨버타 : 캐나다의 중서부에 있는 주.

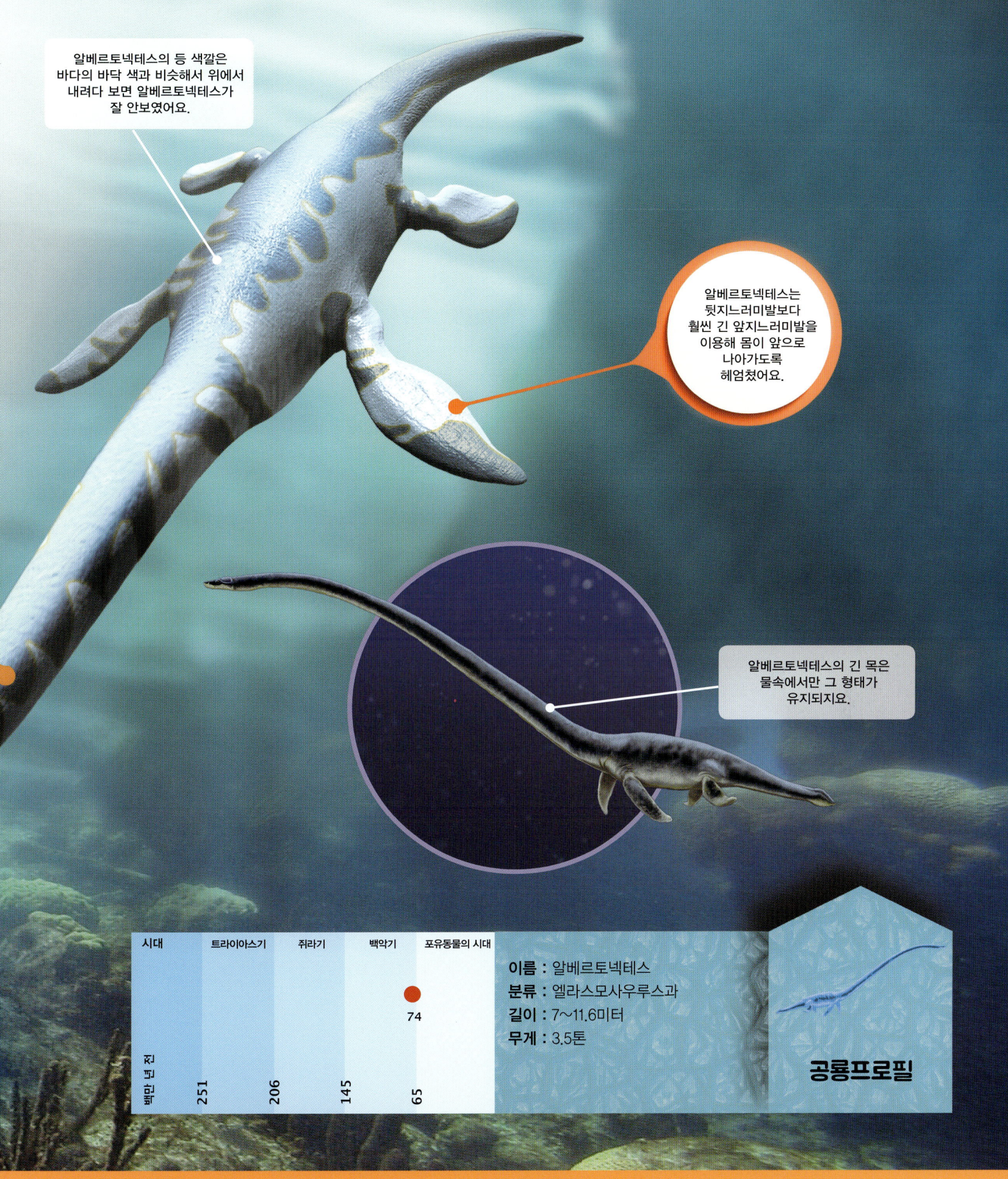

모사사우루스

모사사우루스는 백악기 후기에 살던 해양파충류였어요. 이들은 먹이사슬의 가장 꼭대기에 있는 육식 파충류들이었어요. 모사사우루스의 몸길이는 무려 18미터나 되었어요. 이들은 물고기와 거북류, 플레시오사우루스류와 어룡 심지어는 자신들의 새끼까지도 잡아먹었어요.

모사사우루스류 파충류

모사사우루스류 파충류는 몸길이가 1미터도 채 되지 않는 경우도 있어요. 이들은 도마뱀처럼 생긴 몸과 물속에서 더 빠르게 헤엄칠 수 있도록 도와주는 길고 넓적한 꼬리를 가지고 있었지요. 모사사우루스류에 속하는 파충류들은 모두 바닷가에 올라가서 알을 낳는 것이 아니라 물속에서 새끼를 낳았어요.

모사사우루스의 피부를 덮고 있는 작은 비늘들은 이 파충류를 매끈하고 유선형으로 보이게 했어요.

일찍 발견된 화석

모사사우루스의 두개골 화석이 1760년대에 네덜란드 마스트리흐트 근처에서 처음 발견됐어요. 이 화석은 1799년까지 이빨고래류의 것으로 생각됐어요. 1822년에야 이 화석이 해양파충류라는 것이 밝혀지면서 모사사우루스라는 이름도 지어졌어요. 모사사우루스는 '마스강의 도마뱀'이라는 뜻이에요. 마스강은 마스트리흐트시에 흐르는 강이에요.

최초의 모사사우루스 골격 표본은 석회암을 캐내던 곳에서 발견되었어요.

시대	트라이아스기	쥐라기	백악기	포유동물의 시대
251	206	145	65	

68

이름 : 모사사우루스
분류 : 모사사우루스과
길이 : 최대 17미터
무게 : 5.5톤

공룡프로필

디모르포돈

익룡은 '날개를 가진 도마뱀'이란 뜻이에요. 익룡은 하늘을 나는 파충류이지요. 이들은 약 2억 년 전인 중생대 트라이아스기 후기에 처음으로 등장했어요. 디모르포돈은 쥐라기 초기에 살았던 익룡이에요. 디모르포돈의 머리는 바다오리의 머리와 비슷하게 생겼어요.

바닷가에서 살아가기

디모르포돈은 날 수는 있었지만 먼 거리를 날 수는 없었던 것 같아요. 바닷가에 살면서 절벽 위를 오르거나 네 다리로 이동하는 정도였어요. 이들은 곤충뿐만 아니라 물고기와 작은 동물들 그리고 죽은 동물의 썩은 살도 먹었어요. 깊은 턱으로 먹이를 재빠르게 낚아챌 수 있었지요.

리처드 오언의 〈영국 파충류 화석의 역사〉에 등장하는 디모르포돈의 두개골 그림이에요.

날개와 비행

익룡은 최초로 하늘을 날았던 척추동물이에요. 익룡의 날개는 피부막과 근육과 여러 조직들로 구성되어 있어요. 피부막은 네 번째 손가락에서부터 뒷다리의 발목까지 연결되어 있었어요.

디모르포돈이 양 날개를 편 길이는 독수리가 양쪽 날개를 편 길이와 비슷해요.

깊은 턱에는 최대 40개의 작고 뾰족한 이빨들과 두 개의 크고 뾰족한 앞니가 있었어요.

프테로닥틸루스

공룡에 대해 잘 알지 못하면 종종 '프테로닥틸루스'라고 하는 단어가 '익룡'을 뜻한다고 생각해요. 아마도 프테로닥틸루스가 가장 처음으로 발견되어 세상에 알려진 익룡이라서 그럴 거예요. 프테로닥틸루스는 오늘날 독일 바이에른 지역에 있는 쥐라기 후기의 석회암에서 발견되었어요. 이 공룡의 화석은 지금까지 100점이 넘게 발견되었고, 그 가운데 많은 표본들이 어린 공룡으로 밝혀졌어요.

번식을 위한 조건

고생물학자들은 프테로닥틸루스 화석이 1살, 2살, 3살에 해당하는 어린 공룡의 화석들끼리 발견된 점에 주목했어요. 이렇게 표본이 연령대별로 발견되었다는 것은 프테로닥틸루스가 어린 새끼들을 돌보고 키우기에 적당한 조건들이 갖추어졌을 때 알을 낳았다는 것을 의미하지요. 프테로닥틸루스는 오늘날 살고 있는 여러 종류의 바닷새들처럼 산란기에 집단으로 알을 낳았던 것으로 보여요.

프테로닥틸루스의 머리 위에는 부드러운 조직으로 된 볏이 있어서 자기과시의 기능을 했을 거예요. 이 볏은 어렸을 때에는 작았지만 계속 조금씩 커졌어요.

프테로닥틸루스는 긴 날개와 가벼운 몸집을 지녀 하늘을 날기에 알맞은 조건을 갖고 있었어요.

시대	트라이아스기	쥐라기	백악기	포유동물의 시대
		150		
251	206	145	65	

이름: 프테로닥틸루스
분류: 프테로닥틸루스과
길이: 80센티미터
양 날개를 편 길이: 1미터
무게: 4.6킬로그램

공룡프로필

120 **알고 있나요?** 19세기 초에는 프테로닥틸루스를 해양양서류로 알았던 사람들도 있었어요. 날개를 지느러미발로 착각했던 것이지요.

초기에 발견된 골격 화석들

프테로닥틸루스 표본은 1784년에 처음 발견됐으나, 1812년까지는 이 표본이 익룡이라는 사실이 알려지지 않았어요. 프테로닥틸루스란 '날개가 있는 손가락' 이란 의미입니다. 모든 익룡의 날개가 그렇듯 프테로닥틸루스의 날개를 이루는 피부도 신축성이 있었어요. 네 번째 손가락이 비정상적으로 길게 확장되어 날개막 끝에 연결되어 있었지요.

목 주위에는 털 같이 생긴 피크노섬유가 나 있어요. 덕분에 프테로닥틸루스는 물고기를 잡기 위해 물속으로 다이빙할 때에도 물에 젖지 않았어요.

석회암에 보존된 프테로닥틸루스 화석이에요.

최대 90개의 작고 뾰족한 이빨들이 있었어요.

날개는 피부막과 근육으로 이뤄져 있어요.

트로페오그나투스

트로페오그나투스는 가장 큰 익룡 가운데 하나로 알려져 있어요. 양 날개를 편 길이가 거의 버스 한 대 정도의 길이예요. 백악기 후기에 오늘날 남아메리카 대륙의 절벽 주위를 날아다니며 살았어요.

숟가락처럼 생긴 주둥이

트로페오그나투스란 '용골 모양의 턱'이란 의미예요. 이 익룡의 주둥이 위쪽과 턱 아래쪽으로 달린 볏 구조가 마치 용골*처럼 생겨서 붙여진 이름이에요. 입이 곡선형으로 되어 있어 물속으로 미끄러지듯 잠수해 물고기를 잡는 데에 도움이 되었어요.

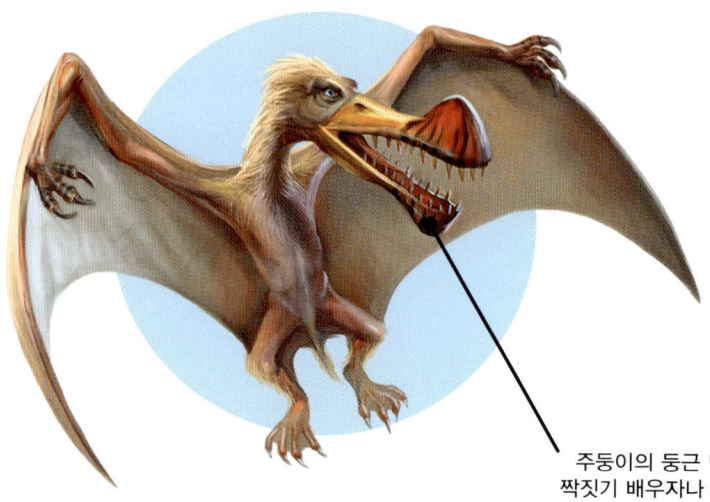

익룡의 날개막은 신축성이 좋아 접고 펴기를 반복할 수 있는 피부로 되어 있어요. 이 날개막은 손목뼈와 네 번째 손가락이 길게 확장된 형태의 뼈에 의해 지탱되었어요.

주둥이의 둥근 볏은 아마도 짝짓기 배우자나 경쟁자들에게 자기과시를 하는 데 쓰였을 거예요.

이름 : 트로페오그나투스
분류 : 프테로닥틸루스과
길이 : 6미터
양 날개를 편 길이 : 최대 8.2미터
무게 : 13킬로그램

공룡프로필

*용골 : 배의 몸체를 받치는 구조물.

함께 하늘을 날던 익룡 안항구에라

트로페오그나투스만큼 크지는 않지만 안항구에라 역시 남아메리카 대륙에서 발견되고 있는 또 다른 거대한 익룡이에요. 안항구에라가 양 날개를 편 길이는 약 4.5미터에요. 안항구에라는 트로페오그나투스보다 약간 더 늦은 시기에 등장해 약 9천 6백만 년 전에 살았으며, 트로페오그나투스와 비슷한 습성을 지니고 있던 것으로 추측하지요. 이들은 해안가 가까운 곳을 날아다니다가 한 번에 물고기를 낚아채는 방식으로 사냥을 했어요.

안항구에라도 볏이 있는 주둥이를 가지고 있어요.

트로페오그나투스는 듬성듬성 나 있는 날카로운 이빨로 마치 작살로 물고기를 잡듯이 사냥했어요.

트로페오그나투스의 주둥이는 용골 모양이에요.

알고 있나요? 트로페오그나투스와 안항구에라 모두 거대한 날개가 있어서 바다 위를 멀리 잘 날아다니도록 적응한 익룡들이에요. 이러한 종류의 익룡들을 '오르니토케이루스류' 익룡이라고 하지요.

프테라노돈

거대한 프테라노돈은 물속으로 다이빙하기에 완벽한 조건들을 갖추고 있어요. 길고 날카로운 부리와 뒤쪽을 향해 뾰족하게 솟아 있는 볏이 바로 그 특징들이에요. 이들은 약 8천 5백만 년 전에 지금의 북아메리카 대륙에서 살았어요. 하지만 유럽의 스웨덴 지역에서도 화석이 발견되고 있어 이들의 서식지가 넓었을 거라고 추측하지요.

사냥 기술

초기에 등장했던 프테로닥틸루스(120~121쪽 참고)와 같은 익룡들은 이빨이 있었으나, 프테라노돈은 이빨이 전혀 없는 부리를 가지고 있었어요. 이름의 뜻도 '이빨이 없는 날개'예요. 힘차게 하늘을 나는 프테라노돈은 물속으로 돌진하며 먹이를 잡았어요. 오늘날 가넷이라는 새들의 사냥법과 비슷해요. 가넷은 물 위에서 낮게 비행을 하다가 먹잇감이 보이면 물속으로 머리를 넣어 고기를 낚아채지요.

펠리칸의 부리에 자신이 사냥한 물고기를 저장해 놓는 주머니가 있는 것처럼, 프테라노돈의 부리에도 주머니가 있었을 수도 있어요.

프테라노돈의 볏은 매우 특징적이고 잘 보이기 때문에, 짝짓기 상대의 관심을 끌기에 충분했을 거예요.

프테라노돈은 꼬리가 매우 짧았어요.

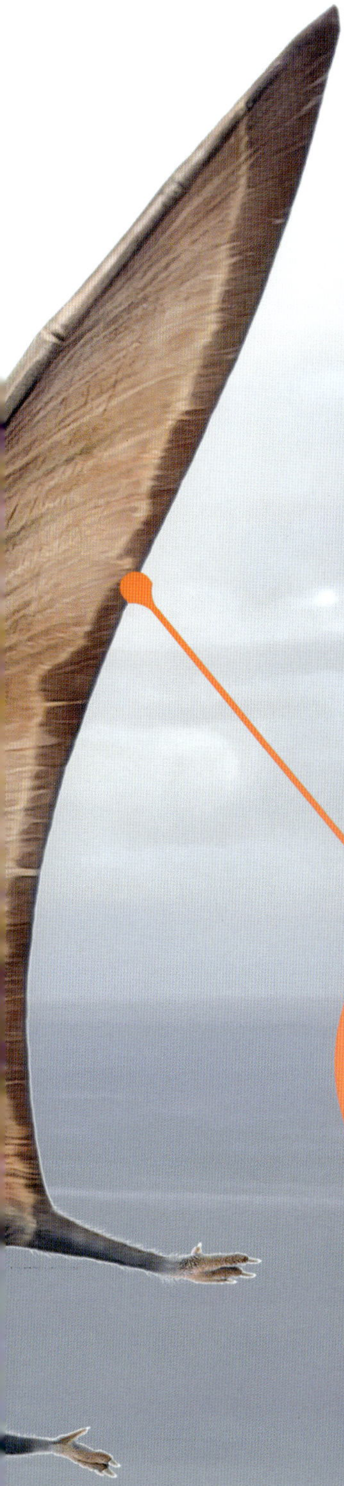

독특한 익룡

프테라노돈은 최초로 유럽 이외의 지역에서 발견된 익룡이에요. 1870년 프테라노돈의 날개뼈 화석이 미국 캔자스주에서 발견되었지요. 이후 수많은 익룡 골격 화석들이 발견됐지만, 오늘날 대다수의 고생물학자들은 이 익룡이 오직 한 종만 있다고 생각해요. 그 익룡의 학명은 프테라노돈 론지세프스예요. 론지세프스란 '기다란 머리'라는 뜻으로 뼈로 된 볏이 있는 독특한 형태를 가리키지요.

프테라노돈은 체력을 아끼기 위해 날갯짓 없이 바람에 몸을 맡기고 활공하듯 날아다닐 수도 있었어요. 하지만 속력을 높이기 위해서 양 날개를 퍼덕이기도 했어요.

프테라노돈은 두 개의 뒷다리만 이용하는 2족 보행을 했다기보다 네 개의 다리를 모두 이용하는 4족 보행을 했을 거예요.

시대	트라이아스기	쥐라기	백악기	포유동물의 시대
백만 년 전	251	206	145 ● 85	65

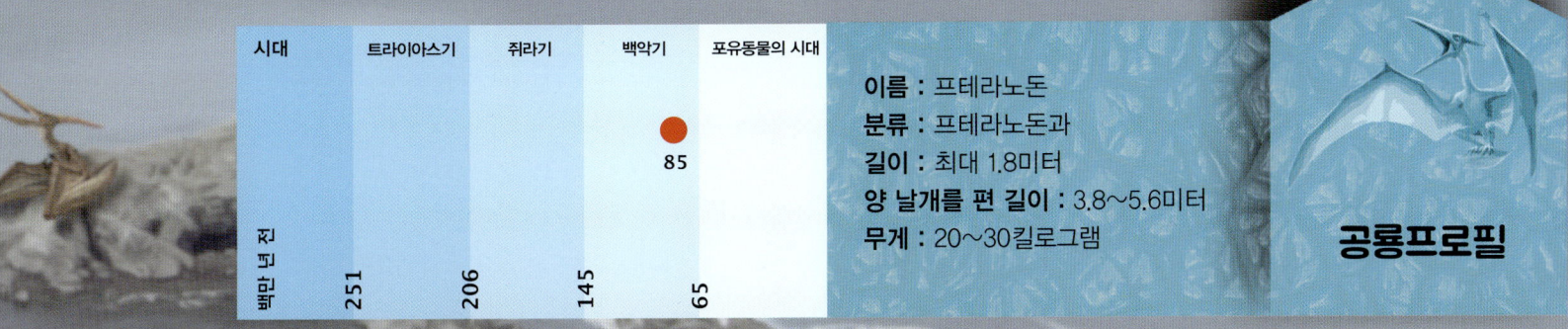

이름 : 프테라노돈
분류 : 프테라노돈과
길이 : 최대 1.8미터
양 날개를 편 길이 : 3.8~5.6미터
무게 : 20~30킬로그램

공룡프로필

알고 있나요? 익룡 가운데 가장 많은 화석이 발견된 익룡이 바로 프테라노돈이에요. 지금까지 최소 1,200점 이상의 골격 표본이 발견되었어요.

케찰코아틀루스

케찰코아틀루스는 아즈텍 신화에 등장하는 깃털 달린 뱀의 신 '케찰코아틀'에서 이름을 따왔어요. 케찰코아틀루스는 백악기 후기에 살았어요. 양 날개를 편 길이가 최대 11미터에 달했지요. 지금까지 알려진 150종의 익룡들 가운데 몸집이 가장 큰 익룡으로 기록되어 있습니다.

먹잇감을 찾아 나서는 익룡

케찰코아틀루스는 긴 목과 좋은 시력을 갖고 있어요. 땅 위에서 네 다리로 걸으며 죽은 동물들의 썩은 살이나 사냥할 작은 동물들을 찾아다녔지요. 날갯짓을 하면 많은 에너지가 소모되기 때문에, 케찰코아틀루스는 날갯짓을 하며 날기보다 주로 활공을 했을 거예요.

이륙하기

작은 크기의 익룡들이 땅에서부터 날아오르기 위해서는 오늘날의 조류들처럼 두 개의 뒷다리로 달리다 날아가는 방식을 취했을 거예요. 하지만 케찰코아틀루스처럼 거대한 몸집의 익룡들은 그런 방식을 시도하기에는 너무나 무거웠어요. 또 평소에 네 발로 걷는 자세였기 때문에 다른 방법이 필요했어요. 케찰코아틀루스의 앞다리는 뒷다리보다 훨씬 길고 강해 몸이 날 수 있도록 위로 들어 올리는 추진력을 발휘할 수도 있었을 거예요.

케찰코아틀루스의 날개막은 튼튼해요. 팔꿈치 부위의 날개막은 두께가 23센티미터였어요.

익룡들에게는 깃털이 없었어요. 그러나 케찰코아틀루스를 포함한 일부 익룡들은 '피크노섬유'라 불리는 얇고 가는 실처럼 생긴 털들이 피부를 덮고 있었어요.

알고 있나요? 케찰코아틀루스는 아즈다르키드류 익룡에 속해요. 이 익룡들은 거대한 몸집을 가졌어요.

화석으로 만나는 한반도의 공룡

글·사진 임종덕(척추고생물학 박사)

전라남도 해남군 황산면 우항리 공룡·익룡·새 발자국 화석산지(천연기념물 제 394호)

백악기 용각류 공룡 부경고사우루스

백악기 용각류 공룡의 화석이 우리나라에서도 발굴되었어요. 우리나라에서 발견된 이 용각류 공룡의 정식 학명은 부경고사우루스 밀레니엄이에요. 부경고사우루스는 약 1억 4천만 년 전의 지층에서 발견되었어요. 이 공룡의 뼈들은 1998년 12월 경상남도 하동군 금성면 갈사리에 위치한 작은 바위섬에서 부경대학교 백인성 교수 연구팀에 의하여 발견되었지요. 목뼈 5점, 등뼈 1점, 갈비뼈 2점, 가슴뼈, 꼬리뼈의 일부분들이 모두 함께 발굴되었습니다. 우리나라에서는 가장 많은 용각류 뼈가 한꺼번에 발견된 사례로 기록되었지요.

백악기 우리나라에 이런 거대한 용각류 공룡이 살았다는 직접적인 증거라고도 할 수 있어요.

용각류 공룡의 특징은 긴 목이에요. 브라키오사우루스처럼 몸집이 거대한 용각류 공룡의 경우, 목뼈 한 개의 길이가 1미터가 넘는 경우도 있어요. 부경고사우루스의 꼬리뼈에서는 육식공룡의 이빨 자국이 발견되어 이들이 육식공룡들의 먹잇감이 되었다는 점이 밝혀졌어요. 이는 매우 흥미로운 사실로 알려졌어요. 이때 발견된 뼈 화석들과 부경고사우루스의 복원된 모습은 현재 부산광역시에 있는 부경대학교 도서관 1층 로비에 전시되어 있어요.

부경고사우루스는 목이 긴 초식공룡이며 몸길이가 16~18미터나 되는 큰 몸집을 지녔어요.

부경대학교 도서관에 전시된 부경고사우루스의 복원된 모습이에요.

백악기 조각류 공룡 코리아노사우루스

2003년 전라남도 보성군 득량면 선소마을 해안가에서 전남대학교 허민 교수 연구팀이 공룡 화석을 발견했어요. 이 공룡 화석은 중생대 백악기 후기의 지층에서 발견되었어요. 우리나라에서 발견된 모든 공룡 뼈들 가운데, 가장 온전한 상태였지요. 이 공룡은 원시 조각류 공룡으로 몸길이는 약 1.2~1.8미터였어요. 이미 알려져 있는 원시 조각류 공룡에 비해 목이 길고, 앞 다리뼈와 어깨뼈가 잘 발달된 점이 특징이지요.
이 뼈들과 함께 수많은 공룡알둥지 화석이 발견됐는데 학자들은 이 공룡이 땅을 파고 알둥지를 만들었을 것으로 추측해요.
이 공룡의 학명은 발견된 지역의 이름을 따서 '코리아노사우루스 보성엔시스'로 지어졌어요. 현재 광주광역시 전남대학교 한국공룡연구센터에 실물 화석과 복원 모형이 함께 전시되어 있습니다.

발굴 당시 코리아노사우루스의 골격 화석은 목뼈, 어깨뼈, 척추뼈, 갈비뼈, 앞다리뼈 들이 하나로 결합된 모습이었어요.

코리아노사우루스는 튼튼한 앞 다리뼈와 어깨뼈를 사용해 땅을 파는 기술이 뛰어났어요.

다양한 익룡들

2001년 경상남도 하동군 진교면 양포리 앞바다에 있는 방아섬에서 우리나라에서는 처음으로 익룡의 뼈 화석이 고(故)백광석 선생님에 의하여 발견되었어요.
이 뼈는 약 30센티미터의 길이이며, 익룡의 날개를 이루고 있는 뼈들 가운데 하나라고 밝혀졌어요. 익룡의 날개는 새의 날개와는 다르게 길게 발달된 손가락에 의해 지탱됐는데, 방아섬에서 발견된 이 화석은 바로 익룡의 손가락뼈 가운데 네 번째 손가락뼈의 첫 번째 마디였습니다.
연구 결과 이 날개뼈가 백악기 초기 중국에 살았던 쭝가리테립스라고 알려진 익룡의 화석과 닮은 점이 많다는 것도 밝혀졌지요. 그동안 우리나라 여러 지역에서 발견되어 왔던 익룡 발자국 화석이나 익룡 이빨 화석의 주인들과는 다른 종류에 속하는 익룡의 화석인 셈이지요. 이와 같은 결과는 우리나라에서 중생대 백악기에 매우 다양한 종류의 익룡들이 하늘을 날았을 것이라는 점을 생각해 보게 합니다.

우리나라에서 발견된 최초의 익룡 날개뼈의 모습이에요.

익룡의 날개

익룡의 날개는 새나 박쥐의 날개와는 다른 구조를 지니고 있어요.
새의 날개에는 깃털이 있지만, 박쥐와 익룡의 날개에는 깃털이 없는 대신 손가락에 날개막이 붙어 있지요.
그리고 박쥐는 네 개의 손가락이 모두 길지만 익룡의 경우에는 네 번째 손가락 하나만이 날개 길이만큼 매우 길게 발달되었고 나머지 세 개의 손가락은 짧아요.

공룡 발자국 화석

우리나라에서는 수각류, 용각류, 조각류 공룡의 발자국 화석이 모두 발견되었어요. 1982년부터 고성군을 시작으로 경상남도, 경상북도, 전라남도, 전라북도, 충청남도, 충청북도, 부산광역시, 대구광역시, 울산광역시 등 100여 곳에서 최소 20,000여 개의 공룡 발자국 화석이 발견되었고 지금도 계속 발견되고 있지요. 그렇다면 공룡 발자국 화석을 연구해 무엇을 알아낼 수 있을까요?

첫째, 발자국을 남긴 공룡이 어느 종류에 속하는지 알 수 있어요. 두 발로 사냥을 한 수각류와 육중한 몸집에 네 발로 걷는 용각류, 두 발 보행과 네 발 보행이 모두 가능한 조각류의 발자국 모양이 각각 다르기 때문입니다.

둘째, 공룡들의 행동학적 습성을 알 수 있어요. 공룡이 단독 생활을 했는지 군집 생활을 했는지 발자국에 모두 드러나지요.

셋째, 발자국이 찍혔을 당시 환경을 알 수 있어요. 퇴적물의 상태를 연구하면 당시 수분이 얼마나 많았는지 같은 정보를 얻을 수 있습니다.

넷째, 발자국을 남긴 공룡이 얼마나 빠르게 이동했는지 알 수 있어요. 발자국의 모양이나 길이, 발자국 사이 거리 들을 측정해 이동 속도를 추측해 볼 수도 있지요.

여러분들도 가족과 함께 우리나라 곳곳의 발자국 화석산지로 여행을 떠나 보세요. 그곳에서 1억 년 전 살았던 공룡들의 흔적을 얼마든지 찾아볼 수 있을 거예요!

천연기념물 제411호로 지정된 경상남도 고성군 하이면 덕명리 화석산지의 용각류 발자국 화석이에요.

공룡 화석 현장학습을 위한 최적의 장소, 경상남도 고성

경상남도 고성군은 공룡 화석 현장학습을 위한 최적의 장소예요. 특히 하이면 덕명리 일대의 공룡 발자국 화석산지는 화석의 종류나 양이 상당하고 보존 상태도 탁월해 외국 학자들도 직접 찾아와 연구를 하는 곳이에요. 덕명리 화석산지에서는 누구나 공룡과 새 발자국 화석을 직접 관찰할 수 있을 뿐 아니라 곳곳에서 무척추동물의 흔적 화석, 물결자국·건열·사층리와 같은 중생대 백악기 환경을 알려 주는 지질구조들도 볼 수 있어요. 덕명리 해안가에서 볼 수 있는 용각류·수각류·조각류 공룡의 발자국 사진과 함께 각 발자국 화석의 특징을 살펴 볼까요?

용각류 공룡 발자국 화석의 특징

용각류 공룡은 긴 목과 거대한 몸집을 자랑해요. 원형 혹은 타원형인 용각류 공룡의 발자국은 발가락이 드러나는 수각류나 조각류 공룡의 발자국과는 쉽게 구별할 수 있어요. 코끼리 발자국과 비슷하다고 할 수 있지요. 4족 보행을 했는데, 발자국 화석을 통해서도 앞발과 뒷발의 형태가 서로 달랐음을 알 수 있습니다.
큰 뒷발 자국과 그보다 크기가 작은 앞발 자국이 보이죠? 이곳 덕명리 해안가에서는 성체 발자국에 비해서 매우 드물게 발견되는 새끼 용각류 공룡의 발자국도 관찰할 수 있어요.

덕명리 해안가에서 볼 수 있는 용각류 공룡의 발자국 화석이에요.

수각류 공룡 발자국 화석의 특징

수각류 공룡의 경우 육식공룡이기 때문에 날카로운 발톱이 특징이에요. 사진에서도 앞으로 향한 세 개의 발가락 끝에 날카로운 발톱 자국이 선명하게 보이지요? 비교적 좁고 뾰족한 모양의 발뒤꿈치나 세 발가락 사이 각도를 보면 조각류 공룡 발자국과 구분이 가능해요.

덕명리 해안가에서 볼 수 있는 수각류 공룡의 발자국 화석이에요.

조각류 공룡 발자국 화석의 특징

덕명리 해안가에서 발견되는 조각류 공룡의 발자국 화석 길이는 10~80센티미터로 다양한 편입니다. 조각류 공룡은 초식공룡이기에 앞을 향한 세 개의 발가락이 수각류 공룡보다 뭉툭한 것이 특징이에요. 발뒤꿈치의 모양도 수각류 공룡에 비해 더 둥글지요. 조각류 공룡의 발자국 화석 가운데는 여러 마리가 무리를 지어 같은 방향으로 나란히 걸어간 흔적처럼 보이는 화석도 있어, 당시 이 공룡들의 '단체 이동'과 '군집 생활'의 증거가 되기도 합니다.

덕명리 해안가에서 볼 수 있는 조각류 공룡의 발자국 화석이에요.

고성공룡박물관과 경남고성공룡세계엑스포

경상남도 고성군은 공룡 발자국 화석산지뿐 아니라 고성공룡박물관과 경남고성공룡세계엑스포로도 유명해요. 특히 오는 2021년은 제5회 경남고성공룡세계엑스포가 열리는 해이지요. 2020년 여름부터 엑스포 행사장에서 다양한 공룡 화석 진품의 전시가 시작되니 공룡 연구의 세계적인 흐름과 최신의 공룡 관련 정보를 생생하게 알고 싶다면 꼭 한번 방문해 보시길 권합니다.

고성공룡박물관

고성공룡박물관은 우리나라 최초의 공룡 전문 박물관이에요. 고성군 일대에서 발견되는 공룡 발자국의 특징과 공룡 발자국 화석에 대한 전반적인 이해를 위해 2004년 개관했지요. 박물관은 다섯 개의 전시실로 나누어져 있어요. 제1전시실에는 실물 크기로 복제된 공룡의 전신 골격 화석과 부분 골격 화석들이 있어요. 제2전시실에서는 고성의 공룡 발자국 화석과 공룡의 발자국 화석이 만들어지는 과정에 대해 배울 수 있지요. 제3전시실은 백악기 공룡들이 움직이는 3차원 모형으로 전시되고 있어요.

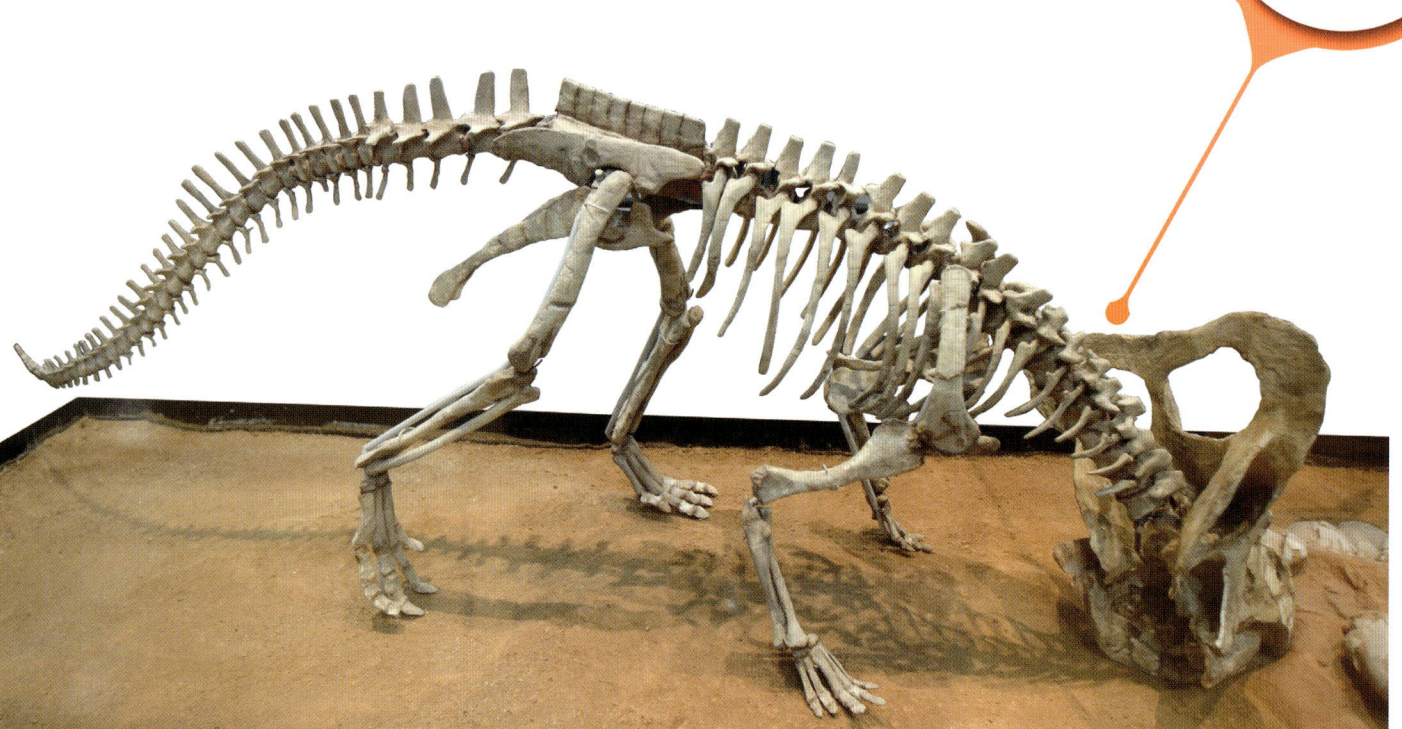

고성공룡박물관에 전시된 진품 프로토케라톱스 골격이에요.

제4전시실은 체험관으로, 직접 뛰면서 공룡과 달리기 속도를 비교해 보거나 용각류 공룡 다리와 사진을 찍는 등 여러가지 활동을 할 수 있어요. 제5전시실에서는 교과서에서 만나 보았던 고생대, 중생대, 신생대 대표 화석들의 진품 표본들을 관찰해 볼 수 있습니다.

경남고성공룡세계엑스포

경남고성공룡세계엑스포는 국내외 여러 공룡을 사랑하는 어린이와 일반인을 위한 국내 최대의 공룡 관련 행사입니다. 2006년 처음 개최해 그해 150만 명 이상의 관람객이 다녀간 이후 회를 거듭할수록 점점 더 많은 관심과 사랑을 받고 있지요. 2021년 다섯 번째 개최를 앞두고 있으며 '사라진 공룡, 그들의 귀환'이라는 주제로 당항포관광지와 상족암군립공원에서 열립니다. 이번 엑스포에서는 생생하게 복원된 공룡 모형과 세계 여러 장소에서 발굴된 진품 골격 화석은 물론, 최첨단 디스플레이 기술이 적용된 다양한 공룡 관련 체험형 콘텐츠들이 준비될 예정이에요. '공룡 헌터', '공룡알 지키기', '백악기 수족관'과 같은 가상·증강 현실 콘텐츠와 유사 홀로그램 구현으로 공룡의 외형과 내부 생체를 학습할 수 있는 '공룡 홀로그램'들이 그 예이지요. 또 가상의 공룡들과 직접 사진을 찍어 볼 수 있는 '공룡 스튜디오' 백악기의 화산폭발 상황을 대형 파노라마 스크린으로 볼 수 있는 '사파리 영상관'도 설치될 예정입니다.

경남고성공룡세계엑스포 행사장에 전시된 공룡모형이에요.

용어 소개

- **골판**
파충류의 머리나 몸에 있는 뼈 덩어리예요.

- **꼬리 골침**
스테고사우루스류 공룡의 꼬리에 있는 방어용 무기인 뼈예요. 가시 형태의 구조예요.

- **노도사우루스류 공룡**
두개골 주위에 뼈 돌기와 스파이크들이 나 있는 안킬로사우루스류 공룡들을 말해요.

- **노토사우루스류 파충류**
트라이아스기에 살았던 해양파충류로 물갈퀴가 있는 노처럼 생긴 지느러미발을 가졌어요.

- **디플로도쿠스류 공룡**
아주 긴 목과 짧은 다리를 가진 용각류 공룡의 한 종류예요.

- **드로마에오사우루스류 공룡**
갈고리처럼 생긴 커다란 발톱이 무기인 작은 몸집의 수각류 공룡이에요.

- **린코사우루스류 파충류**
작고 원시적인 특징을 지닌 파충류예요.

- **모사사우루스류 파충류**
백악기에 살았던 거대한 몸집의 육식성 해양파충류이며, 노처럼 생긴 다리가 특징이에요.

- **멸종**
동물이나 식물이 지구에서 완전히 사라져 없어지는 것을 말해요.

- **뿔공룡류**
일반적으로 뿔과 프릴을 가진 공룡들이에요. 초기에 등장했던 뿔공룡들은 주로 두 발로 이동했지만 후기에 등장하는 공룡들은 몸집이 더 커지고 네 발로 이동했어요.

- **백악기**
1억 4500만 년 전부터 6500만 년 전의 시기를 말해요. 중생대를 세 개의 시기로 나눌 때 마지막 세 번째 시기를 말하지요.

- **수각류 공룡**
날카로운 이빨과 발톱을 지닌 두 발로 걷는 용반류 공룡이에요.

- **스피노사우루스류 공룡**
폭이 좁고 긴 주둥이로 물고기를 잡아먹는 데 잘 적응된 수각류 공룡이에요.

- **아즈다르키드류**
긴 다리와 긴 목, 거대한 날개가 있는 익룡들이에요.

- **알로사우루스**
길고 폭이 좁은 두개골을 지녔고 몸집이 거대한 수각류 공룡이에요. 머리 윗부분에 볏처럼 보이는 뼈 구조가 있어요.

- **암모나이트**
지금은 멸종된 중생대의 연체동물이에요. 암몬조개라고도 부르지요. 나선형의 껍데기가 화석으로 발견되지요.

- **안킬로사우루스류**
티레오포란에 속하는 초식공룡이에요. 방어용 골판과 꼬리 곤봉을 가지고 있어요.

- **어룡류 파충류**
중생대에 살았던 육식성 해양파충류로 유선형의 몸을 지녔어요.

- **이구아노돈류 공룡**
초식공룡으로 몸집이 큰 조각류 공룡이에요.

- **이족 보행**
두 개의 뒷다리로 서서 이동하는 형태를 뜻해요.

- **익룡**
매우 긴 네 번째 손가락에 연결된 피부막이 날개여서 하늘을 날 수 있었던 파충류예요.

- **오르니토케이루스류 익룡**
날개를 폈을 때 12미터에 달하는 거대한 익룡의 한 종류예요.

- **용각류 공룡**
몸집이 거대하고, 긴 목을 지닌 초식성 용반류 공룡이에요. 네 다리로 걸었어요.

- **용반류 공룡**
도마뱀의 엉덩이 뼈 구조와 비슷한 형태의 엉덩이뼈를 가진 공룡이에요. 육식을 하는 수각류와 초식을 하는 용각류 공룡들이 포함되지요.

- **위석**
공룡들이 소화을 돕기 위해 삼켰던 위 속에 있는 작은 크기의 돌이에요.

- **육식동물**
동물의 생고기를 먹고 사는 동물을 뜻해요. 사자, 표범, 독수리, 고양이 들이 육식동물이에요.

▪ **조각류 공룡**
두 발로 걷는 초식공룡이며 뒷다리가
발달했고, 무거운 꼬리로 몸의 균형을
유지했어요.

▪ **조반류 공룡**
새의 엉덩이뼈 구조와 비슷한
형태의 엉덩이뼈를 가진 공룡이에요.
모두 초식동물이에요. 조각류,
마르기노케팔리안류 그리고
티레오포란류 공룡들이 포함되어요.

▪ **진화**
오랜 시간에 걸쳐 어느 한 종에서
다른 한 종으로 변하는 과정을 말해요.

▪ **지느러미발**
물속에서 수영하기에 적합한 형태로
납작하게 진화된 다리예요.

▪ **중생대**
약 2억 5000만 년 전부터 6500만 년
전까지의 시기를 말해요. 공룡이
번성했던 시기이지요.

▪ **쥐라기**
2억 600만년 전부터 1억 4500만 년까지의
시기를 말해요. 중생대를 세 개의 시기로
나눌 때 두 번째 시기에 해당되지요.

▪ **초식동물**
나뭇잎, 열매, 풀 같은 식물을 먹고 사는
동물이에요. 다람쥐, 원숭이, 소, 말 들이
초식동물이에요.

▪ **테리지노사우루스류 공룡**
앞발에 거대한 발톱을 지닌 몸집이
큰 수각류 공룡이에요. 초식을
했을 것으로 추정되어요.

▪ **트라이아스기**
2억 5100만 년 전부터 2억 600만 년
전까지의 시기를 말해요. 중생대를
세 개의 시기로 나눌 때 첫 번째에
속하는 시기예요.

▪ **트로오돈류 공룡**
긴 다리와 뛰어난 시각 능력을 지녔던
새처럼 생긴 수각류 공룡이에요.

▪ **티레오포란류 공룡**
방어용 골판과 뼈 돌기들을 지닌
조반류 공룡이에요.

▪ **티타노사우루스류 공룡**
비교적 작은 크기의 머리를 지닌,
거대한 몸집의 용각류 공룡이에요.

▪ **티라노사우루스류 공룡**
거대한 머리와 상대적으로 작은 앞다리를
가진 거대한 몸집의 수각류 공룡이에요.

▪ **파키케팔로사우루스류 공룡**
두꺼운 두개골을 지녔으며 두 발로 걷는
마르기노케팔리안류 공룡이에요.

▪ **플레시오사우루스류 파충류**
긴 목을 지닌 육식성 해양파충류로
쥐라기와 백악기에 살았어요.

▪ **플리오사우루스류 파충류**
짧은 목과 거대한 머리를 가진
플레시오사우루스류 파충류의
한 종류예요.

▪ **피크노섬유**
익룡의 몸에서 발견되는 머리카락처럼
얇은 털이에요.

▪ **하드로사우루스류 공룡**
오리주둥이를 가진 공룡이라고도
해요. 부리처럼 생긴 입을 가진
조각류 공룡이에요.

▪ **화석**
동물의 사체나 식물이 오랜 시간을
거치며 땅 위에 쌓여서 암석에
보존되어 남아 있는 것들을 말해요.

포토 크레딧

Key: b-bottom, t-top, c-center, l-left, r-right Stefano Azzalin: cover tc, cover tcr, cover tr, 11r, 13t, 18~19, 24cr, 33tl, 40cr, 42~43, 46~47, 51t, 67bl, 68c, 75tl, 83t, 86b, 92~93, 96~97, 114cr, 114~115, 116bl, 118c, 120cl, 120~121, 122l, 124br, 124~125; Martin Bustamente: cover tl 6br, 14c, 16l, 21tr, 22~23, 28br, 30~31, 40~41, 42c, 78l, 82~83, 90~91, 94bl, 106c, 110l, 110~111, 112c, 112~113; Juan Calle: cover tcl, 19br, 24~25, 57cr, 70~71, 78~79; Mat Ed: profile box icons, 1, 4~5, 6~7, 8~9, 10~11, 12~13, 14~15, 16~17, 20~21, 26~27, 28~29, 36~37, 38~39, 44~45, 48~49, 50~51, 52~53, 54~55, 58~59, 60~61, 62~63, 64~65, 66~67, 72~73, 74c, 74~75, 76~77, 80~81, 84~85, 86~87, 94~95, 98~99, 102~103, 104~105, 106~107, 108~109, 118~119; Rudolf Farkas : cover, 56~57; Colin Howard : 25cl; Kunal Kundu : 34~35, 57tl, 68~69, 88~89, 116~117;

Jerry Pyke : 8cr, 23bl, 34tr, 88b; Shutterstock : 11b MikhailSh, 12cr Didier Descouens, 18cr Catmando, 31t Michael Rosskothen, 31bl Catmando, 32cr Ozja, 37t Linda Bucklin, 38b Catmando, 41t watthanachai, 43r Herschel Hoffmeyer, 44cr cjchiker, 49t Linda Bucklin, 53r CTR Photos, 58tr Adwo, 60bl Elenarts, 63br Warpaint, 70cr Valentyna Chukhlyebova, 73br Michael Rosskothen, 76l Warpaint, 84l Ozja, 92b, 98b Linda Bucklin, 102c Valentyna Chukhlyebova, 121t Catmando, 125cr Warpaint; Parwinder Singh: 66b, 104b; Val Walerczuk: 32~33, 81bl, 108l, 122~123; Wikimedia Commons: 7bl Ghedoghedo, 9t mrwynd/ Denver Museum of Science and Nature, 15tr Didier Descouens/Peabody Museum of Natural History, 17t Didier Descouens, 20b Kevmin/Burke Museum/Museum of the Rockies, 22l Funk Monk/Lindsay E Zanno, 29cr Funk Monk/philosophygeek, 34c Gast~on Cuello/Museo Paleontol~ogico Egidio Feruglio, 36c CaptMondo/Royal Ontario Museum, 45cr D Gordon and E Robertson/Royal Ontario Museum, 46c Carol Abraczinskas, Paul C Sereno/ZooKeys, 46br Daderot/University of California Museum of Paleontology, 49bl Joseph Smit/biodiversitylibrary.org, 51cr Aim~e Rutot, 54cr FunkMonk, 58bl William Diller Matthew, 62c Conty and Ballista/Oxford University Museum, 64l UNC Sea Grant College Program, 65t Tim Evanson/Museum of the Rockies, 68bl Daderot/Naturmuseum Senckenberg, 71br Kumiko, 72bl Christophe Hendrickx/American Museum of Natural History, 77 Tim Evanson/Museum of the Rockies, 79t American Museum of Natural History, 80l Eduard Solà/Royal Belgian Institute of Natural Sciences, 82l Allie Caulfield/Los Angeles Museum of Natural History, 84br John R Horner and Mark B Goodwin, 86tr Dmitry Bogdanov/FunkMonk, 89tr Joseph Dinkel, 91t Drow Male/Natural History Museum, London, 92tr Daderot/Natural History Museum of Utah, 95br H Zell/ Natural History Museum, Berlin, 96cr Mariana Ruiz Lady of Hats, 98cr Ryan Somma, 100c JT Csotonyi, 101tr Eden, Janine, and Jim, NYC, 103t Victoria M Arbour and Philip J Currie/American Museum of Natural History, 106br Ra'ike/Museum am Löwentor, Stuttgart, 109br Daderot/Royal Ontario Museum, 111r Smart Destinations/Harvard Museum of Natural History, 113c Tai Kubo, Mark T Mitchell, and Donald M Henderson/Smokeybjb, 115br Ghedoghedo/Royal Belgian Institute of Natural Sciences, 116tr James Erxleben/ British Museum, 119cl Ghedoghedo/Museo di Storia Naturale di Verona, 123r Régine Debatty.